tredition®

R. N. Dobles

Schule ohne Glaubenslehre

Absolute Trennung von Staat und Religion

Verlag: tredition GmbH, Hamburg

© 2019 Autor: R. N. Dobles
Umschlag, Illustration: tredition
Lektorat, Korrektorat: Nicole Sander

Weitere Mitwirkende:

Verlag und Druck:
tredition GmbH, Hamburg

ISBN:
Paperback   ISBN 978-3-7482-1498-4
Hardcover   ISBN 978-3-7482-1499-1
E-Book   ISBN 978-3-7482-1500-4

Inhaltsverzeichnis

Danksagung

Für die freundschaftliche Unterstützung - bei der Verwirklichung dieses Werkes - möchte ich Nicole Sander herzlich Danke sagen.

VORWORT

Religiöser Glaube schließt Meinungsfreiheit, volle Mündigkeit und VOR ALLEM Religionsfreiheit aus! (R.N.D.)

Vollziehen wir die wirkliche Trennung von Kirche und Staat, wie sie Anfang bis Mitte des 19. Jahrhunderts schon einmal praktiziert wurde <u>und leisten somit den wichtigsten Beitrag zum friedlichen Zusammenleben verschiedener Kulturangehöriger. (R. N. D.)</u>

Die wirkliche Trennung von Kirche und Staat zu fordern ist mir so wichtig, dass ich die Möglichkeit der religiös- gesellschaftlichen Ächtung meiner Person in Kauf nehme. Das Wissen um die untrennbare Verbundenheit des neurologischen Dreiecks: „Denken, Fühlen und körperliche Reaktion" schützt mich, meine folgenden Thesen leichtfertig zu publizieren.

Gleichwohl habe ich als Verfasser dieses Werkes, die innere Sicherheit, meine Leser - ob meiner klaren Meinungsäußerung - in ihrem Glauben nicht beleidigen zu können, selbst wenn ich das wollte, was absolut nicht der Fall ist. Es ist niemandem möglich in seinem Glauben beleidigt zu sein. Glaube ist das Ergebnis einer mehr oder minder manipulierten individuellen Geistesleistung.

Im Buch- Text (Seiten107 - 110) ist, um „oberflächlichen" Kritiken vorzubeugen, diese Tatsache ausführlich erklärt und begründet!

Jedes menschliche Individuum sollte sich folgende Frage stellen: Sind meine Meinungen (meine Glauben), das „Produkt" meines Geistes, oder sind sie indoktriniertes Resultat gesellschaftlichen „Gruppenzwanges", also nur übernommene geistige Fremdleistungen?

In diesem Zusammenhang gehen mir (und Gleichgesinnten), die religiösen Dogmen, die religiösen Glaubensforderungen und die frühzeitige religiöse Indoktrination unserer Kinder dermaßen gegen meine Weltanschauung, dass ich einfach nicht länger schweigen kann.

Nicht nur meine Wenigkeit, sondern viele große Denker haben ein konträr- realistisches Verhältnis, gegenüber der großen Masse der Bevölkerungen zum religiösen Glauben. Dieser Fakt ermutigte mich meine Thesen zu publizieren, trotz Kenntnis des Risikos das sich für den Autor ergeben kann. Einige große Geistesmenschen, die Gott und der Religion kritisch bis ablehnend gegenüberstanden und -stehen, werden stellvertretend in diesem Buch genannt und zum Teil auch zitiert.

Unser freiheitlich, rechtsstaatliches und demokratisches Gesellschaftssystem in der BRD ist es wert, dass wir zu jeder Zeit, leidenschaftlich dafür kämpfen!

Was mich zu einer weiteren, noch wichtigeren Ungeheuerlichkeit bringt: Soll das friedliche Zusammenleben verschiedener Kulturangehöriger gelingen und Bestand haben, muss den extremen Glaubensforderungen hauptsächlich religiöser Fundamentalisten, die dem Islam angehören, endlich ein Riegel vorgeschoben werden. Deren stetes politisches instrumentalisieren ihres Glaubens wird, wie der gesamte politische Extremismus, der gegen unsere Gesellschaftsordnung gerichtet ist, hoch ignorant unterschätzt. Wir leben in einer entscheidenden Phase des gesellschaftlichen Wandels, die hoch brisant um nicht zusagen hoch gefährlich ist!

Nicht zuletzt aus der Sorge, dass wir nicht genügend energisch für ein friedliches Zusammenleben verschiedener Kulturangehöriger in unserem schönen Land eingreifen und für den Erhalt unserer Gesellschaftsordnung - mit friedlichen Mitteln – kämpfen, habe ich dieses Buch geschrieben.

7

Auch und gerade in der freiheitlichen, rechts-staatlichen, demokratischen Gesellschaft der westlichen Welt, müssen Bestrebungen theokratischer Infiltration, in profane Gesellschaftsangelegenheiten, rigoros Einhalt geboten werden und religiöser Glaube (Religion) in den Privatbereich (wo er ausschließlich hingehört) verbannt werden.

Es sind nicht nur extreme Glaubensforderungen, die mit unverhohlenem Rassismus einhergehen, es sind Glaubensfragen, die eine „Integration", ein friedliches Zusammenleben verschiedener Kulturangehöriger erschweren, wenn nicht gar unmöglich machen! Nicht nur auf religiöser Ebene werden wir vor Herausforderungen gestellt, die uns sehr schnell überfordern können. Dass dabei allerdings religiöser Glaube als, das Kernübel der Menschheit von der Masse der Bevölkerungen, noch immer nicht gesehen wird, ist einfach nur als fatal zu bezeichnen.

Schwäche der Demokratie

Wenn in diesem Buch letztlich nur die Fakten meiner Thesen genannt werden, hat das nichts mit schwarz- weißer Sichtweise zu tun. Es hat etwas damit zu tun, dass ich aus Respekt vor meinen Mitmenschen davon ausgehe, dass fast jede/r Leser/in die

Grautöne in den behandelten Themen selbst entdecken kann und will. Mir geht es im Wesentlichen darum, bei meinen Lesern den sportlichen Ehrgeiz zu wecken, bedenklich schiefe gesellschaftliche Ist-Zustände zu reflektieren und über Perspektiven für Besserungen zu philosophieren. Ich will nicht akzeptieren, dass Politiker auf unkritische desinteressierte Wähler setzen, um ihre Politik für eine finanzstarke, im Grunde egoistische Minderheit, fortsetzen zu können.

Besserungen werden durch das Nachdenken und Machen initiiert. Fremde Schriftgüter konsumieren ohne kritisches Hinterfragen, der aufgestellten Thesen oder Behauptungen, schmälert den sportlichen Genuss des Lesens. Lesen kann Hochleistungssport sein, der wirklich zufrieden macht!

Meinen Lesern liegt mit diesem Werk eine Arbeit vor, die aus der Kenntnis um die strukturellen Schwächen demokratischer Gesellschaften entstanden ist. Spätestens nach dem Banken- Crash (Lehmann Brothers 2008), seit der Griechischen Staatsschuldenkrise 2010 und der Umsetzung der Agenda 2010 in der BRD ist ein deutliches Grollen und Rumoren in der deutschen Gesellschaft zu spüren, was auf lange - häufig - angestaute Entrüstung, über ungerechte politische Agitation verantwortlicher Politiker schließen lässt.

Der Ärger gegen ungerechte Entscheidungen (z. B. Agenda 2010), die über die Köpfe der „Otto-Normalverbraucher" getroffen wurden, bahnt sich immer aggressivere Wege des Protestes in Deutschland. (In Frankreich, wo ähnliches wie die Agenda 2010 in der BRD versucht wird, tragen die Menschen - anders als in Deutschland - ihren Protest frühzeitig auf die Straßen.)

Als gefährlich willkommenes Ventil bezeichne ich die Reaktionen auf die zum Teil verfehlte Flüchtlings- und Migrationspolitik, das bestimmte Zeitgenossen gern für ihre eigenen politischen Interessen nutzen.

Die Verrohung und Radikalisierung großer Teile unserer Bürgerschaft hat durchaus nachzuvollziehende Ursachen: Falsche profane Politik, gepaart mit religiös- fundamentalen Glaubensforderungen und moralischem Fehlverhalten von Protagonisten aus Politik, Wirtschaft und vor allem der Religion, machen Menschen wütend. Gewaltszenen im Überfluss, in allen Medien, die schon unserem jüngsten Nachwuchs vorgeführt werden, begünstigen rohes Verhalten in nicht geringem Maße.

Die große Masse der Menschen, die mit ihrer Arbeitskraft und ihrem gesellschaftlichen Verantwortungsgefühl für die Existenz jedes Staates sorgt, muss sich gerade im IT- Zeitalter, der einhergehenden Globalisierung und dem Vormarsch der künstlichen Intelligenz - als überfordert – große Sorgen um ihre Zukunft machen. Genau wissend oder extrem fühlend, dass Politiker im Grunde keine Antworten auf die wichtigsten Zukunftsfragen bereitstellen. Sie fühlen: Politiker geben deshalb keine Antworten, weil sie sich gern hinter ihren Kompetenzen verstecken. Politikern sind ihr bequemes Bewahren und Verwalten ihrer Ist-Zustände so wichtig, dass sie m. E. nur bei Aussicht auf neue Wählerstimmen, aktiv an die Gestaltung und das folgende sinnvolle Umsetzen gesellschaftlicher und/oder politischer Zukunftspläne gehen.

Die dabei oft zu vernehmende Äußerung wir müssen an die uns folgende Generation, oder gar an die uns folgenden Generationen denken, ist meist nur als hohle Phrasen zu bewerten. Würden wir unsere Politik stärker in die Zukunft ausrichten, sähe die Welt anders aus als sie sich in der Realität darstellt:

11

Die Umweltverschmutzung gäbe es zum Beispiel nicht in dieser Intensität.

Die Hungersnot in vielen Teilen der Welt wäre längst überwunden.

Das Finanz- und Steuersystem (Zinspolitik) wäre weltweit längst zu Gunsten der Allgemeinheit reformiert.

Es gäbe die sinnlosen Kriege auf unserem Planeten überhaupt nicht.

Weil allerdings Politik und Religion, unter diesen Aspekten, glauben immer weiter nach alten „feudalen" Strickmustern mit der Bevölkerung verfahren zu können, wird ihnen die Quittung, für ihre ungerechte Politik, die sie letztlich verdient hätten, viel zu selten präsentiert.

Trotzdem, die A...- Karten versuchen Bürger der Mittel- und Unterschicht einer Gesellschaft, logischer Weise immer radikaler weiter zu geben. Gelingt es diesen Bürgerschichten auf Dauer nicht, sich Gehör zu verschaffen, entwickeln sich extreme politische Strukturen, in denen die Dummheit Oberhand gewinnt. Genau da ist eine der größten Schwächen demokratischer Gemeinschaften auszumachen. Wo in diktatorischen Regimen Denker für Revolutionen sorgen, sorgen in Demokratien simple und bequeme Geister (Dummköpfe) für deren Untergang.

Einerseits: Viele demokratische Organe eines Staates sind bemüht so viel Demokratie wie möglich zuzulassen. Selbst Personen, die gegen unsere demokratische Gesellschaft agieren, „muss" man mit demokratischen Mitteln begegnen.

Aggressive radikale und extreme Zeitgenossen nutzen genau diesen „akademisch juristischen" Umgang mit ihnen, als Schwäche der demokratischen Ordnung aus. Dabei liegt in der Natur der Sache, dass extremistische Gegner einer Demokratie immer unverhüllter agieren können, wenn ihnen nicht konsequent Einhalt geboten wird; sie kümmern sich schließlich nicht um irgendwelche „Erlaubnisse" ihnen ist es egal, ob sie sich straffällig machen.

Andererseits: Es gibt nicht wenige demokratische Organe (Behörden), die sich als Institution Staat im Staate verstehen, sich so etabliert haben, und sich folglich entsprechend auch so aufführen. Nur, demokratische Staatsorgane (Polizei, Militär, Staatsschutz und exekutive Behörden etc.) sind nicht der Staat, sie sind eben nur Teilbereiche unseres Staates. Solange die Gewaltenteilung innerhalb unseres rechtsstaatlichen, demokratischen Staates einwandfrei funktioniert muss sich „der Bürger" auch keine großen Sorgen machen (Falsch!). Es sind Beamte des gehobenen Dienstes, die sich u. a. (aktuell) herausnehmen Sanktionen zu manifestieren, die gar gegen im Grundgesetz verbriefte Rechte verstoßen (siehe Seiten 76). Es sind Exekutivkräfte bei der Polizei (siehe FfM) und bei der Bundeswehr, die ebenso aktuell versuchen Netzwerke aufzubauen, die gegen unsere Gesellschaftsordnung gerichtet sind.

„In ihren Ämtern sitzen sie
wie eh und je
die Schreibtischtäter
und knüpfen
klammheimlich
den Stacheldraht von morgen"
(Manfred Schlapp)

Wachsamkeit ist gefordert

Spätestens seit der falschen Einschätzung unserer Sicherheitsorgane (Polizei / Staatsschutz), in Bezug zu den Morden des Nationalsozialistischen Untergrundes (NSU). Seit den bedenklichen Agitationen (oder Nichtagitationen) der Polizei, während der Demonstrationen und den Äußerungen des ehemaligen Präsidenten des Verfassungsschutzes Hans-Georg Maaßen über die Hetzjagden in Chemnitz. Und seit dem unangemessen zurückhaltenden Umgang mit der Zwickauer Terrorzelle durch unsere Polizei, ist äußerste Wachsamkeit geboten.

Jedem wahlberechtigten Staatsbürger muss folgendes immer klar sein: Vielen Bediensteten unserer exekutiven Sicherheitseinrichtungen ist ein Zugewinn an Macht Wasser auf deren Mühlen. Es wird in den meisten Fällen nicht aus Sorge um das „Vaterland" – was immer unter Vaterland verstanden wird – nach härteren Gesetzen gerufen!

Eine erhöhte Machfülle für die Exekutive, bedeutet für jeden „normalen Staatsbürger" erst einmal Bedrohung. Ausführende Staatsmacht, ganz gleich ob Politik, Polizei oder Militär ist zuallererst gegen, die Masse der eigenen Bevölkerung gerichtet!

Wird dem Gewaltmonopol des Staates - bei körperlichem Reagieren gegen Sicherheitskräfte - begegnet, sind Akteure sehr schnell in die Ecke des kriminellen Handelns gestellt. Alleine diese Tatsache birgt die Gefahr - bei körperlichem Widerstand gegen Exekutivkräfte - sehr schnell und sehr perfide als Terrorist bezeichnet zu werden.

Politiker, wacht auf!! Wenn es euch nicht gelingt endlich Politik für die Massen der Bevölkerungen zu machen, werden wir weltweit in einer Katastrophe, die ihresgleichen sucht, enden. Dem religiösen Glauben wird dabei eine Hauptschuld zuzuordnen sein.

Mein Bestreben ist es wahrlich nicht, Religionen zu verteufeln; was auch gar nicht möglich ist. Mephisto (der Teufel), wie der Herr der Welt (Gott- der omnipotente Schöpfer) ist nur wegen der kausalen Konditionierung durch die unterirdischste Falschheit der Religionsstifter und -vertreter (der Religionen) in den Köpfen der religiös Gläubigen existent. *Professor Stephen William Hawkin hat über die Existenz Gottes interessantes geäußert.*

Die für alle offensichtliche Gefahr, die von religiösem Fundamentalismus ausgeht, wird genauso wie die faschistoiden Umtriebe selbsternannter Vaterland- Beschützer noch immer sträflich verharmlost und extrem unterschätzt. Auch der ganz normalen, hinterhältig religiösen Indoktrination wird viel zu wenig kritisches Konkurrieren entgegengesetzt, was zur schleichenden Verfestigung des radikalen und extremen Umgangs in jeder Community führt. Dass dabei eine Verrohung des menschlichen Individuums einhergeht (als logische Konsequenz) sollte niemanden überraschen.

Diesen schlimmen Entwicklungen, die in Teilen der bürgerlichen Gesellschaft längst zur Realität geworden sind, werde auch ich nichts Wirkungsvolleres entgegensetzen können, als meine subjektive Weltanschauung zu publizieren. Vielleicht gelingt es mir ja, dem einen oder anderen menschlichen Individuum den perspektivischen Blick, für die oft surrealistisch anmutende Realität der absurden Welt, in der wir leben, näher zu bringen.

In der Psychologie, Philosophie und in der Bildenden Kunst gehen nicht wenige Menschen davon aus, dass der Surrealismus die eigentliche Realität ist.

Ob das für den Einzelnen wichtig ist, muss jeder für sich entscheiden. Allemal wichtig ist das für unser künftiges, friedliches Zusammenleben in der globalisierten Welt.

Die Globalisierung birgt sowohl Gefahr als auch Chance:

Gefahr: Der Super Gau, bis zur Apokalypse

Chance: Gerechtere Verteilung der Ressourcen. (Nicht mehr und nicht weniger)

Ja zur Religionsfreiheit ohne Wenn und Aber

Den scheinheiligen Bemühungen durch Religion ein friedliches Zusammenleben verschiedener Kulturen zu erreichen, muss endlich der kompromisslose Kampf angesagt werden. Die absolute Privatisierung des religiösen Glaubens muss durchgesetzt werden, wenn wir ein respektvoll friedliches Zusammenleben in unserer Gesellschaft erhalten bzw. erreichen wollen.

Religiöser Glaube hat im profanen öffentlichen Tagesgeschäft nichts, aber auch gar nichts zu suchen. Damit ich nicht falsch verstanden werde: Zu der in unserem Grundgesetz festgeschriebenen Religionsfreiheit stehe ich zu einhundert Prozent. Denn, Religionsfreiheit heißt vor allem, dass jeder sein Leben frei von Religion gestalten kann, ohne befürchten zu müssen, - durch wen auch immer – eventuell sogar unter Zwang religiös indoktriniert zu werden.

Einerseits sorgen religiös fundamentale Forderungen stupider fanatischer Glaubensbrüder und -schwestern für das Kardinalproblem friedlichen Zusammenlebens. Nicht nur gewünschte multikulturelle Gesellschaften werden durch diese bigotten, verblendeten Zeitgenossen aggressiv angefeindet, bis verhindert. Auch in ihrer eigenen „uniformen" Community sorgen hassblinde „Religiose" für Zwistigkeiten, Unfrieden und Ängste.

Andererseits werden bei integrationsbegleitenden Exekutivmaßnahmen gravierende Fehler durch verfehlte politische Ansätze und Vorgaben gemacht. Den Bemühungen zur religiösen Dialogbereitschaft zwischen verschiedenen Konfessionen, so „sinnvoll" sie sein mögen, wird eine Wertigkeit zugeteilt, die nur im sakralen privaten Bereich ihre Berechtigung haben kann und darf. Für die profanen gesellschaftspolitischen Bemühungen des respektvollen und friedlichen Zusammenlebens differenter Kulturangehöriger sind solche Dialoge, wegen ihrer Komplexität, eher hinderlich als förderlich, aber es ist die alleinige Aufgabe der verschiedenen Konfessionsträger, ihre Gläubigen auf privaten Bahnen zum Dialog mit anders Gläubigen zu ermuntern.

Zu dem oft schwammigen und unehrlichen Umgang mit den Begriffen Ehre, Moral und Menschlichkeit, die wir Menschen als essenziell lebenssteuernd und sogar lebenswichtig empfinden, beziehe ich in vielen Zusammenhängen, schonungslos mit klaren Aussagen Stellung.

Es geht in diesem Buch u. a. darum, aufzufordern die gebetsmühlenartig vorgetragene Notwendigkeit „Integrieren von Migranten/Flüchtlingen etc., in die deutsche Gesellschaft" nicht kritiklos mitzutragen.

Ich halte die Integrationsbemühungen in der BRD, von Bund, Ländern und Gemeinden für schlicht falsch. In dem vor Ihnen liegenden Werk erhebe ich den Anspruch, meinen Lesern eine Hilfestellung zu leisten, damit sie sich – aktuell dringend nötig - gesellschaftlich wirkungsvoller gegen eine verfehlte Integrationspolitik positionieren können.

Die gesellschaftlichen Herausforderungen für das Zusammenleben verschiedener Kulturangehöriger – nicht nur in Deutschland - machen es dringend erforderlich, dass jeder einzelne verantwortungsbewusste (mündige) Bürger sich intensiv mit dem Thema friedliches Miteinander und Zusammenleben multikultureller Persönlichkeiten beschäftigen muss!

60 Millionen Menschen auf der Flucht

Meine Leserin, mein Leser: Halten wir uns bitte Vor Augen, dass wir in einer Zeit leben, in der weltweit ca. 60 Millionen Menschen auf der Flucht sind: Ob es einzelnen Zeitgenossen passt oder nicht, schon aus humanitären Gründen dürfen wir uns dem Flüchtlings- und Migrationsstrom nicht kaltherzig verschließen.

Nicht kaltherzig verschließen heißt aber auch, dass wir mit Weitblick nach intelligenten, allgemeingesellschaftlich <u>erträglichen</u> Lösungen suchen müssen!

Eine Lösung hierbei kann niemals Integration von Menschen (mit ihren vielfältigen differenten kulturellen Historien) in eine gewachsene kulturelle Gesellschaft sein. Deutsche sind nun einmal eine gewachsene kulturelle Gemeinschaft, die übrigens von Hause aus als bunt bezeichnet werden kann.

Was denken sich Politiker? Welch neue homogene Kulturgesellschaft soll in Deutschland entstehen? Wie soll das deutsche Bürgertum nach der Integration von Millionen Menschen mit fremder kultureller Herkunft und Historie aussehen? Das sind Fragen, die zurzeit nur Besserwisser beantworten können! Wollen wir wirklich braunen „Vollpfosten" die Beantwortung dieser Fragen überlassen?

Eingewöhnungslotsen (Integrationslotsen) oder wie immer man Helfer für Flüchtlinge oder Migranten nennen will, sollten sich einzig darauf konzentrieren müssen, den zu uns kommenden Mitbürgern Hilfeleistungen, in Form von Aufklärung über die gesellschaftlichen Gegebenheiten der BRD zu bieten.

Unbedingter Respekt

Flüchtlinge Migranten Einwanderer etc. sind vor allem über unser Rechts- Umgangs- und Wirtschaftssystem zu informieren; Neuankömmlinge vom ersten Tag an! Wie die Vergangenheit gezeigt hat, ist es enorm wichtig neuen Mitbürgern klar zu machen, dass sie es unterlassen <u>müssen</u> ihre Vorstellungen des gesellschaftlichen Umgangs, in ihre neue heimische Gemeinschaft zu zwängen. Das heißt: Unbedingten Respekt (nicht mehr und nicht weniger) ihren Mitmenschen entgegen zu bringen. In wie weit sie sich integrieren wollen, muss diesen Menschen überlassen bleiben, erstmal.

Das deutsche Bürgertum hat alleine schon Schwierigkeiten, notwendig gewordenes einheimisches multikulturelles Miteinander auf seinem jetzt gemeinsamen „Hoheitsgebiet" zu akzeptieren! Der Ist- Zustand vor der Deutschen Reichsgründung 1871/1872 hat noch immer seine z. T. abschottende Auswirkung, selbst auf die von Geburt an innerhalb, der Staatsgrenzen beheimatete deutsche Kulturbevölkerung. Diese Abschottungen von Bundesland zu Bundesland, ja selbst von Gemeinde zu Gemeinde sind ebenfalls gewachsen und werden m. E. unterschätzt! (Die Schwierigkeiten eine europäische Union, die den Namen wirklich verdient hat zu schaffen, hat mit den deutschen und europäischen Abschottungsgewohnheiten ihre Kausalität.)

Ich darf nur kurz daran erinnern, wie sich aktuell Menschen aus Nordrhein- Westfahlen, Niedersachsen und meinetwegen Hamburg über alteingesessene Menschen aus Bayern, oder dem Saarland lustig machen, wie in Hessen über die Friesen gespöttelt wird

Oder besser, wie sich nach fast 30 Jahren Deutscher Wiedervereinigung, Ossis und Wessis immer noch gegenüberstehen.

Tun wir nicht so, als ob selbst für „Gutmenschen" Rassismus ein unbekannter Begriff wäre.

In der Folge gehe ich intensiv auf diese durchaus vorhandene, aber lösbare Problematik ein. Der wichtigste Lösungsansatz sei hier - in Teilen vorweggenommen - und heißt für Neuankömmlinge: Respektvolle Akzeptanz der Gastkultur, sowie den Willen und das Bemühen des friedlichen Zusammenlebens, ganz gleich welchen sozialen und kulturellen Hintergrund, der Einzelne (noch fremde Mensch) mitbringt. Neuankömmlinge müssen ihr Leben in der Öffentlichkeit nach den Regeln, die im Gastland gelten ausrichten und nicht anders herum!

Sicher: Wir müssen Neubürgern ermöglichen, dass sie sich in (Deutschland) zu Hause fühlen können, aber doch nicht so, wie sie sich in ihrem Herkunftsland zu Hause fühlten. Das ist ein weiterer falscher Ansatz!

Dass sich Änderungen sowohl bei Flüchtlingen, Migranten etc., als auch bei Einheimischen einstellen werden, liegt in der Natur der Sache und ist keineswegs negativ zu besetzten. Der Mensch war von Anbeginn dem Wandel der Zeiten ausgesetzt.

Dumpfes rassistisches und nationalistisches Gegröle allerdings, kann nur - einmal mehr - in einen Idiotismus führen, was einem bestimmten Teil bundesrepublikanischer Bevölkerung offensichtlich jeden Tag aufs Neue klar gemacht werden muss! Auch durchschnittlich begabte Menschen wissen das!

Jede Frau, jeder Mann in der BRD macht sich durch Schweigen mitschuldig. Mitschuldig für jede Minute Angst, für jede Beleidigung und für jeden tätlichen Angriff auf Menschen, die in Deutschland Bekanntschaft mit „hässlichen Deutschen" oder „hässlichen Ausländern" machen!

Mit Blick auf die jüngere Geschichte der Menschheit, lässt der aktuell reale Zustand der meisten bürgerlichen Gesellschaften wenig Zuversicht auf eine positive Zukunft für uns nachfolgende Generationen zu. Ganz gleich in welchen politischen - auch religiös- politischen Ausrichtungen Menschen leben.

Nur sehr schwer zu ertragen sind für Menschen mit einer Grundausstattung an Empathie, die unfassbar schlimmen Zustände, die in vielen Teilen der Welt Realität sind. – Hier ist die ganz grundlegende Empathie nicht nur für Verwandte, Freunde und Nachbarn sondern auch für Mitmenschen anderer Nationen angesprochen. Nur wenn wir die Arroganz ablegen, Menschen nach Herkunft und Abstammung zu beurteilen oder gar zu tolerieren, werden wir dem friedlichen Zusammenleben Türen öffnen.

Regierungschefs

Einige Regierungschefs, die ohne Wenn und Aber als hoch kriminell zu bezeichnen sind, tragen mit ihren gewissenlosen und nur aufs eigene Wohl bedachten Anhängern und Mitläufern für diese schlimmen Zustände die alleinige Schuld. Die großen schweigenden Mehrheiten aller differenten Bevölkerungen haben einen großen Anteil an ungerechten bis kriminellen Auswüchsen ihrer Regierungen. Weil Schweigen immer auch als Zustimmung ausgelegt werden wird.

Genau hier liegt eines der gesellschaftspolitischen Kernprobleme, die auch in gewachsenen Demokratien realexistent sind: Durch die Unterstützung von „Gleichgesinnten" (meist billige Opportunisten und nützliche Idioten) können gesellschaftspolitisch ungerechte Gesetzgebungsverfahren eingeleitet und durchgezogen werden.

Ein immer wieder zu beobachtendes Phänomen: Menschen mit eingeschränkter geistiger Potenz neigen dazu ihre Weltanschauung auf ihrer simplen gemütlichen Wirkens- Basis zu belassen. Hier sind nicht die echten Eingeschränkten angesprochen, hier sind vor allem die intelligenten Dummköpfe gemeint. Versuche diese Personen durch wissenschaftlich faktische Informationen eines Besseren zu belehren, widersteht entsprechende Klientel super erfolgreich, und zwar selbst dann, wenn der geistige Zugewinn für ihr weiteres Dasein nur positive Auswirkungen haben sollte.

Aber, sind zum Beispiel ungerechte Gesetze einmal in Kraft, werden sie leider auch in Demokratien kaum wieder revidiert!

Leider leben wir zurzeit in einer Epoche, in der sich eine Ansammlung von absolut schwachen Persönlichkeiten zeitgleich in verschiedenen Regierungen tummeln. Die Anführer solcher Regierungen, die Kritik an ihrer Person und andere Meinungen als ihre eigenen Ansichten nicht ertragen können, tragen die Hauptschuld an bedauernswerten erbärmlichen Zuständen, in denen Menschen in vielen Teilen der Welt existieren müssen. Leider sind solche gesellschaftlichen „Krebsgeschwüre", der menschlichen Gesellschaften, nur sehr schwer aus ihren Positionen (Ämtern) zu entfernen.

Dass es im 21. Jahrhundert noch immer möglich ist, Massenmorde an Menschen mit anderer Hautfarbe, mit anderer Religion, mit anderer Weltanschauung oder anderer sexueller Ausrichtung zu begehen, ist nicht begreifbar. Obwohl es höchst wahrscheinlich nur eine Rasse Mensch gibt, stehen viele Weiße auf dem Standpunkt höherwertiger als Farbige (gleich welcher Couleur) zu sein. Die überheblichen, arroganten, selbstgerechten also insgesamt schwachen Begründungen für das Legitimieren zum gegenseitigen Abschlachten von Menschen, liegen offenbar tief in der Natur des Menschen verankert.

Nicht erst die Faschismen des Kommunismus und des Nationalsozialismus haben, in der Historie der Menschheit zur Lust des Quälens und Tötens bei der Spezies Mensch geführt!

Offen praktizierte brutale Gewalt, - das hat uns die Geschichte von Großstaaten und Hochkulturen gelehrt - führt bei Tätern und potentiellen Tätern

nicht dazu, ein Unrechtsbewusstsein für das Missbrauchen und Töten von Menschen zu entfachen!

Ganz im Gegenteil: Die religiös und rassistisch
genozidäre Überlagerung kriegerischer Auseinandersetzungen wird von Massenmördern, potentiellen
Massenmördern und deren geistigen Unterstützern
gerechtfertigt, verharmlost, verleugnet und gar abge-
stritten! Hochkriminelle Psychopathen und wahnsin-
nige „Führer" (Mussolini, Hitler, Stalin, Mao, Gaddafi
und Hussein, um nur einige zu nennen) werden von
Teilen ihrer jeweiligen Bevölkerungen hoch verehrt
und/oder sogar vermisst. Philanthropische Überlegungen belasten solche unterstützenden Zeitgenossen als professionelle Unmenschen, sicher nicht.

Hoch gefährliche Zeitschiene

Historische Erfahrungen der Menschheit, die sie
zu Hauf mit den Völkermorden auf fast allen Konti-
nenten unseres Heimatplaneten machten und noch
immer machen, lässt es dennoch zu, dass wir blutige
Neuüberlagerungen in bereits von schlimmen Vor-
kommnissen geprägten Ländern erleben müssen.

Meine zukunftsorientierten Überlegungen sagen mir, dass wir uns - auch in der demokratisch west-

lichen Welt - auf einer hoch gefährlichen Zeitschiene, die geradewegs in Richtung einer theokratisch geprägten Gesellschaftsordnung weist befinden.

Wenn es uns nicht gelingt religiöse Fundamentalisten zu entmachten, werden diese „Menschenfeinde" (eben professionelle Unmenschen) unweigerlich Oberhand gewinnen und unsere gewollte freiheitliche demokratische rechtsstaatliche Gesellschaftsordnung sukzessive unterminieren und letztlich zerstören können. Wenn uns das nicht gelingt werden wir uns sehr schnell, auf einem geraden Weg, in eine moderne theokratisch umhüllte, neue Feudalherrschaft begeben. Die geistig pragmatische Vorarbeit, solch eine Herrschaftsform anzustreben, liegt vielleicht noch in keiner Schublade westlicher Länder, hat aber sicher nicht nur für religiös Geistliche ihren Reiz.

Keine Verschwörungstheorie sondern Fakt ist: Wir befinden uns bereits in Bereichen, in denen Entwicklungen eingesetzt haben, die in verschiedensten Formen zur moralisch religiösen Begleitung und Überdeckung brutaler Gewalt führten.

Ein Blick auf die Herrschaftsform des theokratisch umhüllten feudalen Absolutismus im Mittelalter, sollte uns wohl Warnung genug sein! Die Folgen dieser theologisch infiltrierten feudalen Herrschaftsform sind bis heute nicht überwunden. Diese mit allen schlimmen Auswüchsen der Theologie ummantelte Form der Herrschaft, lässt sich aktuell in islamischen Ländern eindrucksvoll beobachten. Das Mittelalter lebt. Alle gesellschaftlichen Ungerechtigkeiten haben mehr oder weniger, ihre Ursache im religiösen Aberglauben. Religiöser Glaube ist Aberglaube pur! (R. N. D.)

Auch wenn in „aufgeklärten" Ländern eine gewisse fortschreitende Säkularisierung - wegen ewig gestriger Reform verhindernder religiöser Protagonisten - stattfindet und die Deckschicht theokratischer Herrschaft sich vermeintlich abtragen mag. Von einer Erbgutzersetzung theologischer Herrschaftsansprüchen kann gewiss keine Rede sein. Eine Erbgutzersetzung, nicht nur auf weltlich politischer, sondern auch auf religiöser Ebene, so wünschenswert sie in Beziehung zur Gewaltverherrlichung sein mag, bleibt leider illusorisch.

Hier drängen sich u. a. folgende Fragen auf:

Weshalb erkennt die Mehrheit der Menschen noch immer Forderungen an, die das Töten von Mitmenschen als legitimes Mittel zur Durchsetzung egoistischer gesellschaftspolitischer Zielerreichung sind?

Herrschaftsansprüche, gleich ob aus weltlicher oder kirchlicher (religiöser) Macht, verlieren ihre Legitimität und Souveränität und auch ihr Herrschaftsgebiet, wenn sich ihre „komplexen Ideologien" gegen menschliches Leben richten = (Wunschdenken!).

Auf weltlicher und religiöser Ebene wird von selbsternannten „Menschenfreunden" (Wichtigtuern) mit Nichtwahrheiten (Lügen) und durch nicht verifizierbare Behauptungen, „Notwendigkeiten" des Kriege- Führens kriminell-manipulativ in Bevölkerungen gepresst.

Besser, warum hat sich gerade bei dem selbsterklärten intelligentesten Lebewesen auf diesem Planeten, die sadistische Perversion - Menschen Leid zuzufügen und Menschen zu töten - im Laufe der Evolution nicht zum Besseren entwicklet? Warum also, steckt in uns diese sinnlose Perversität? Der stammesgeschichtliche Hintergrund beim Menschen wird, in diesem Punkte, bei der evolutionären Entwicklung des „Homo erectus / Homosapiens" kaum eine Rolle gespielt haben können. Die Grausamkeit ist bei allen menschlichen Individuen - auf dem gesamten Globus - Realität!

Warum glauben viele menschliche Individuen besser (wertvoller) zu sein, als ihre Mitmenschen? Ist es bei Mensch und Tier wirklich nur natürlicher Überlebenswille, also natürlicher „Futterneid"? Das Vernichten von menschlichem Leben könnte so durchaus noch erklärt werden. Auch die „Nottötung" eines Menschen - ob aus Notwehr oder aus Erbarmen - ist noch irgendwie nachvollziehbar. Allerdings Schmerzen zufügen, durch emotionalen, körperlichen oder seelischen Missbrauch, kann in diesem Zusammenhang keine Bedeutung zugemessen werden!

Zusammenleben verschiedener Kulturen

Meine diesbezüglich hier veröffentlichten folgenden Thesen sind der (nicht bescheidene) Versuch, bei manchen Lesern eine andere pädagogisch wirkungsvolle Betrachtungsweise und Einordnung des faktischen Zusammenlebens zwischen differenten Kultur- Angehörigen, in unserer Gesellschaft, zu erreichen.

„Ich will mein volles Freiheitsrecht!
Find´ ich die g´ringste Beschränknis,
Verwandelt sich mir das Paradies
In Hölle und Gefängnis.“
(Heinrich Heine)

Das Bewusstsein über den Umstand, dass meine gedankliche Grundbewegung, bei dem Thema „Lehren" - hauptsächlich wenn es um Religion/Glaube geht - ein Scheitern des Lehrens immer ins Kalkül zieht, lässt mich dennoch hoffen, dass bei der/dem einen oder anderen Leser/in - durch die Lektüre dieses Buches - ein ernsthafter Denkprozess einsetzt.

Ein Denkprozess, der die eigene kausale Konditionierung über den religiösen Glauben hinterfragt!
Ein Denkprozess, der die Überprüfung des eigenen individuellen Stellenwertes zum religiösen Glauben und zur Religion wertneutral in Kraft setzt!

Den hochgeschätzten geistigen Leistungen der Aufklärer: Rousseau, Voltaire, John Locke, Immanuel Kant etc. wurde der denkbare Erfolg, durch menschliche Schwächen (geringe Nachhaltigkeit verarbeiteter neuer Erkenntnisse) versagt. Auch Friedrich der Große, ein Unterstützer des Geistes der Aufklärung in Deutschland und Gönner Voltaires, hat, - trotz seiner

Forderung des Kadavergehorsams an seine militärischen Untertanen- eine größere und nachhaltigere Förderung zur geistigen Mündigkeit freier Mitbürger, als letztlich eintrat, verdient.

Den hehren Ideen der Aufklärer, dass Wissen Freiheit bewirke, dass wissenschaftliche fundamentale Erkenntnisse den Geist der Menschen von Geistern befreie; diesem Vernuftoptimismus widerspricht, die geschichtliche Erfahrung nicht erst seit heute. Gerade seit der Jahrtausendwende zum 21. Jahrhundert und aktuell 2018 erleben wir, dass das Konstrukt der rationalen Kontrolle sehr dünn und zerbrechlich ist. Den Wellen der Unvernunft hält es – weltweit - immer weniger stand. Irrationalismus feiert Triumpfe wie eh und je.

„Reinen Unsinn zu glauben ist ein Privileg des Menschen (Konrad Lorenz)".

Es ist kaum zu glauben: Selbst Kaffeesatzleser, Gurus, „Seher" und Astrologen können immer noch ihr Unwesen treiben. Dass deren Aberglaube eine gesellschaftliche Macht darstellt, ist schädlich, schändlich und für viele Menschen fast unerträglich. Dass nationalistisch und rassistisch überzeugte und auch angehauchte Agitatoren sich beweisfreier esoterischer Thesen und Behauptungen als Instrumente zur Ideologie- Verbreitung bedienen, wird leider nicht genügend kritisch hinterfragt und von anerkannt geistig hoch potenten Zeitgenossen zu wenig energisch entlarvt.

Es ist nicht wichtig, was die weltliche und geistliche Führungselite glaubt, oder auch nicht glaubt. Wichtig ist, dass das Volk an Gott und falsche Geister glaubt! Nur so kann es nach Belieben ordentlich manipuliert und KLEIN gehalten werden!! (R.N.D.)

Dank den Freimaurern

Eine Anerkennung: Der große Verdienst, dass aufklärerische Gedanken über die Menschen- und Bürgerrechte in die Verfassungen demokratischer Länder (Frankreich, USA, BRD etc.) einflossen, gebührt den Freimaurern. Man mag von Freimaurern halten was man will. Sie reklamierten u. a., „dass alle Menschen mit gewissen unveräußerlichen Rechten ausgestattet sind; dass diese Rechte zu sichern, Regierungen unter Menschen eingesetzt werden, welche ihre Befugnisse ausschließlich von der Einwilligung der Regierten ableiten". Davon sind wir noch weit entfernt. Auch in demokratischen Gesellschaftsordnungen sehen wir, dass die sprachliche Kommunikation der Machthaber sich allzu oft der Lüge und Täuschung

bedient, es geht ihnen dabei darum Bürger in Unmündigkeit zu bringen oder zu belassen (moderner
Feudalismus), und um dabei ihre Macht immer wieder
aufs Neue zu festigen.

Für die klare Aussage

Dass die Macht der individuellen Sprache Auswirkung, sowohl auf das soziale Umfeld, als auch (als
Reaktion) auf die Akzeptanz des sozialen Umfeldes
auf den „Aussagenden", bei der jeweiligen Community hat, sollte sich jeder Zeitgenosse immer vor Augen
halten.

Machthaber setzen ihre geistigen Ergüsse psychologisch so ein, dass Mitbürger nach ihrem Willen,
beherrschte oder unbeherrschte Reaktionen gebären.
Zum Wohle der Allgemeinheit geschieht das am we-
nigsten. Die individuelle Sprache mit ihren daraus re-
sultierenden Folgen, hat durchaus Einfluss auf Schick-
sale zum Beispiel auf „Schreiberlinge" genommen.
Dennoch bevorzuge ich - auch in diesem Buche – die
klare individuelle Aussage, ohne mich vor „Obrigkeiten" zu ducken.

„Solche Bücher lässt du drucken!
Teurer Freund, du bist verloren!
Willst du Geld und Ehre haben,
Mußt du dich gehörig ducken."
(Heinrich Heine)

Ich war beim Verfassen auch dieses Werkes, bemüht, meinen Thesen so wenig wie möglich Interpretationsspielraum zu lassen. Da, wo mir das vielleicht nicht so gut gelungen ist, darf man mich gern beim Wort nehmen.

Kaum vermeidbare Apokalypse

Wir Menschen sind die absoluten Herren der Apokalypse und ich bin mir sicher, wir werden nicht nur Menschen töten. Wir werden die Menschheit töten! Der Rau- und Raubbau, den wir an der Natur betreiben, wird sich sehr brutal aber konsequent rächen. Die Menschheit auf einem anderen Planeten anzusiedeln wird besser nicht funktionieren; Wir würden einen weiteren Planeten zerstören! Vielleicht wird es gelingen, einige wenige Experten in einer fernen Welt abzusetzen; und deren Zukunft sei bemitleidenswert. *(Ob ich richtig liege, werde ich zum Glück nie erfahren.)*

Der Untergang des Homosapiens wird nicht zuletzt der Tatsache zu verdanken sein, dass wir Menschen unseren Religionen Stellenwerte eingeräumt haben, die keiner der religiösen Glaubensgemeinschaften wirklich zustehen!

Die fundamental religiös politischen Forderungen – zurzeit hauptsächlich engstirniger islamischer Religionsführer der verschiedenen Glaubensrichtungen – müssen, bei weiterem Ausweiten unweigerlich in einer kaum noch abzuwendenden Verderbnis enden.

Meine ernsthafte unterstützende Aufforderung an Anthropologen: „Haltet euch nicht zurück Zeitgenossen immer wieder klar zu testieren, dass es ein Leben vor dem Tode gibt!"

An diesem Punkte ist es mir ein Bedürfnis, an „Vorlesungen von Ludwig Feuerbach über Religion" zu erinnern.: *„Der Zweck meiner Schriften ist: Die Menschen aus Theologen zu Anthropologen, aus Kandidaten des Jenseits zu Studenten des Diesseits, aus religiösen und politischen Kammerdienern zu freien, selbstbewussten Bürgern der Erde zu machen. Aus Gottesfreunden zu Menschenfreunden, aus Gläubigen zu Denkern, aus Betern zu Arbeitern, aus Christen, welche ihrem eigenen Bekenntnis zufolge halb Tier, halb*

Engel sind, zu Menschen zu machen, zu ganzen Menschen zu machen". (Zitat: Original-Fassung aus Irren ist unmenschlich//Manfred Schlapp).

Philosophen, Zukunftsforscher und Politiker können, selbst bei einem Höchstmaß an Bereitschaft, den Mut nicht aufbringen, sich mit der geistig und moralisch schändlichsten Institution (Religion/Kirche), die wir Menschen uns erschaffen haben, ernsthaft anlegen. Deren Zukunftsprognosen, bezüglich des Umgangs der Bevölkerungen mit Religionen und weltlichen Obrigkeitsinstitutionen, werden zu ihrer „eigenen Sicherheit" immer opportun, in Richtung der Obrigkeiten ausfallen.

Ein wirklicher Kampf gegen ungerechtes Obrigkeitsverhalten (profan wie religiös) kann von diesem Personenkreis also nicht erwartet werden, selbst wenn diese „Elitären" ihre Zugehörigkeit zur jeweiligen Obrigkeit, aus Gründen des Eigenschutzes, leugnen.

Auf diesen Eigenschutz werde ich aus Gründen der Selbstachtung, bei meinem Kampf gegen die Institution der Falschheit (Kirche/Religion), verzichten.
Dass Religionen am Untergang der Menschheit im Wesentlichen beitragen, dürfte bei kritischer Ana-

lyse der speziellen gesellschaftlichen Zustände - in den differenten Gesellschaften – jedem analytisch interessierten und denkenden Zeitgenossen klar werden.

Nicht vergessen: „Einem „omnipotenten Schöpfer" steht das Allmachtsparadoxon entgegen". (R.N.D.)

Die Hauptprobleme friedlicher Existenz in Beziehung homosapiensischen (menschlichen) Zusammenlebens sind auf der ganzen Welt in den Hierarchien, bei denen sich die Mehrheiten der Bevölkerungen (in allen Gesellschaften) Obrigkeiten reaktionär unterwerfen, zu suchen bzw. zu finden.

Hierarchien überflüssig?

Hierarchien, die von Vertretern sakraler, wie von manchen profanen Protagonisten als von „Gott" gegeben kommuniziert werden, gehören ebenfalls zu den Falschheiten, denen wir Menschen uns beugen.

Macht man sich, die nur oberflächlich unsinnige Mühe, darüber nachzudenken, ob Hierarchien zur Festigung der menschlichen Solidargemeinschaften, oder gar für das Überleben der Menschheit ohne Alternative sind; kommt man zu dem Schluss: Nein!

Diese Hierarchien sind eigentlich total überflüssig! Sie sind dann überflüssig, wenn das Individuum Mensch bereit ist, seine persönliche Freiheit ohne Einschränkung anzunehmen. Diese Freiheit bedeutet- absolute Verantwortung für alles zu übernehmen. Nur wenn das Individuum Mensch bereit ist, sich in seiner persönlichen Freiheit einschränken zu lassen, unterwirft es sich anderen Menschen, in Hierarchien; das tut der Mensch immer auf Kosten seiner Freiheit!

Es ist durchaus verständlich, wenn Menschen Angst vor zu viel Freiheit haben. Erich Fromm hat mit seinem Buch: „Die Furcht vor der Freiheit" diese Problematik hervorragend thematisiert.

Zugegeben, es gibt Menschen, die durch Geburt, Krankheit oder Unfall nicht in der Lage sind, ihre Freiheitsrechte auszufüllen bzw. wahr zu nehmen. Muss man diese benachteiligten Persönlichkeiten deshalb diskriminieren, ausnutzen oder gar missbrauchen? Ein klares Nein!

Zu den obengenannten Falschheiten gehören zum Beispiel die banalen und dennoch weltfremden Äußerungen, der ach so „frommen" Menschen, dass wir alle gleichwertig geboren werden!

Kurt Tucholsky hat in seiner Schrift *„Zur soziologischen Psychologie der Löcher"* diesen totalen Unsinn humorvoll, aber trefflich formuliert:

„In der Ackerstraße ist Geburt Fluch; warum sind diese Kinder auch gerade aus diesem gekommen? Ein paar Löcher weiter, und das Assessorexamen wäre ihnen sicher gewesen".

Exkurs:

Jede/r Rassist/in, jede/r Nationalist/in stelle sich nur einmal ganz kurz vor, sie wären nicht im „höheren" sozialen Umfeld ihrer Eltern geboren worden, sondern als Nachwuchs in einem der vielen erbärmlichen Slums auf unserer Erde. Spätestens jetzt müssten auch die hohlsten Rassisten/innen und überzeugtesten Nationalisten/innen begreifen welch schlimmes Schicksal ihnen erspart blieb. Ein Schicksal, das sie anderen Menschen - Menschen die nicht in ihr Weltbild passen - gern zuteilen würden, damit sie diesen, in ihren Augen, „Abschaum" (endlich) einer Endlösung zuführen können! Und nur darum geht es diesen potentiellen Mördern: Menschen töten!!

Ein Fehler des Seins?

Ob es uns gefällt oder nicht, die Struktur des organischen Lebens auf dem Planeten Erde ist so ausgerichtet, dass organisches Leben nur auf Kosten anderen organischen Lebens möglich ist.

Ist das der Fehler des Seins schlechthin?

Einem omnipotenten Weltenschöpfer würde ich diesen Fakt: „Leben auf Kosten anderen Lebens geschaffen zu haben nicht als Fehler durchgehen lassen. Ich müsste ihm, ob dieser Tatsache, gar grausamen Sadismus unterstellen".

Zum Glück gibt es keinen omnipotenten, verantwortlichen Schöpfer.

Nicht vergessen: „Einem „omnipotenten Schöpfer" steht das Allmachtsparadoxon entgegen". (R.N.D.)

Weil aber organische Existenz verletzlich, kurzlebig und empfindlich ist. Die Ressourcen auf der Erde endlich sind. Der energetische Wandel des Mikrokosmos/Nanokosmos - als das einzig tatsächliche Perpeduum mobile - unendlich und nach unserem antrainierten Zeitempfinden, das Maß der Dinge bleibt, ist der Vergänglichkeit der gesamten Menschheit nichts entgegen zu setzen! (R.N.D.)

Ich will mir den einzigen Urknall, der Entstehungsgeschichte unserer Welt, nicht vorstellen können! Unser Hirn (Geist) kann nur mit Begrenzungen (Anfang und Ende) denken. Stephen William Hawkin geht davon aus, dass ein „kleiner Kern" von ungeheurer Dichte, in einer großen Explosion (Urknall) zum Entstehen der Zeit und somit zu allem Sein geführt hat. Mein bescheidener Geist sagt mir: Dieser verhältnismäßig kleine Kern hoher Dichte, muss auch eine Entstehungsgeschichte gehabt haben. Und, vielleicht war/ist er ja auch nicht der einzige kleine Kern mit hoher Dichte. Will sagen: Wir Menschen – mit unserer überschaubaren Intelligenz - messen der Zeit viel zu viel Bedeutung bei!

Mit der von uns zu verantwortenden Zeiteinteilung haben wir uns wahrlich keinen Gefallen getan. Diese letztlich sinnlosen, immer kürzer werdenden Zeitabschnitte, denen wir uns freiwillig unterordnen, machen uns unzufrieden, krank und führen oft sogar zum frühzeitigen Tode.

Umso bedauerlicher ist die Tatsache, dass wir Menschen in der kurzen Zeit, die uns auf diesem Planeten zur Verfügung steht, dafür sorgen uns gegenseitig das Leben, völlig unnötig, so schwer wie möglich zu machen.

Wir Menschen - in unserer Überheblichkeit - glauben nur gut „Leben" zu können, wenn wir andere Menschen für unsere Zwecke/Ziele ausnutzen oder gar missbrauchen.

Es genügt uns nicht einfach nur zu Leben. Nein, wir müssen ein „besseres" Leben haben als, „die Anderen".

Unter dem Vorwand unseren Kindern ein besseres Leben zu ermöglichen müssen wir, meistens auf schändliche Art und Weise, immer mehr Vermögen hamstern, von immer mehr Land Besitz ergreifen und immer mehr Mitmenschen für unsere Zwecke unterdrücken bzw. missbrauchen. Das alles ermöglichen uns nicht nur despotische Gesellschaftssysteme?

Gegen Großkapital ist in keinem Gesellschaftssystem ein Mittel zu finden, was auf legitimem Wege den Machtanspruch der „Geld- Eliten" einschränkt. Dabei spielt leider keine Rolle, wie das verfügbare Kapital der „Herrschenden" zustande kam, oder kommt.

Der Machtanspruch der Geistlichen (Religion) allerdings ist durchaus brechbar und muss gebrochen werden, wenn eine bessere „zukunftsfähige" Gesellschaft geschaffen werden soll.

Mit völligem Unverständnis begegne ich deshalb der Tatsache, dass öffentliche Diskussionen über „den religiösen Glauben" einen übermäßigen Raum in den Berichterstattungen aller öffentlichen Medien eingenommen haben.

TV- Sender bieten zum Beispiel ihren überaus wichtigen(!) „Moderatoren/innen" (zu besten Sendezeiten), viele Foren, bei denen geladenen Gästen Gelegenheiten gegeben werden, immer wieder kehrende „intelligente" Ergüsse über ihre Religion auszuschütten. Diskussionen, die nie zu einem befriedigenden Ergebnis und zur qualifizierten Meinungsbildung in der Bevölkerung beitragen können, haben einen Raum eingenommen der ihnen, aus Sicht ihrer Notwendigkeit und Wichtigkeit, einfach nicht zusteht.

Empfinden nur Säkulare es als eine unangebrachte Belästigung, übermäßig vielen religiösen, nicht beweisbaren Äußerungen in den Medien- auch in den Printmedien ausgesetzt zu sein?

Die Wissenschaft des „Nichts" ist offensichtlich nur im Einklang mit der Menschheit endlich, leider!

Kann man Lügen noch als Lügen bezeichnen, wo wir doch durch und mit der „Lüge" leben? Ist der Begriff Lüge nicht einfach mit „menschlichem Leben" zu ersetzen?

> *„Hat die Natur sich auch verschlechtert,*
> *Und nimmt sie Menschenfehler an?*
> *Mich dünkt, die Pflanzen und die Tiere,*
> *Sie lügen jetzt wie jedermann."*
> *(Heinrich Heine)*

Schwer zu ertragende Tatsachen

Positive Veränderungen für die Massen der Bevölkerungen in allgemein gesellschaftlicher, wie in speziell ökonomischer Hinsicht werden durch menschliche Schwächen, der kapitalkräftigen Führungseliten aus Politik, Wirtschaft und Religion immer wieder verhindert. Wenn es darum geht, die Massen der Menschen für ihre eigenen Interessen zu manipulieren, gehen geistliche, weltliche und privatwirtschaftliche „Politiker" intuitiv unselige geistige Interessensgemeinschaften ein, die ohne organisatorische Bündnisse zu bilden, hervorragend funktionieren.

Nur, zum Wohle der Bevölkerungen handeln diese Menschen in der Regel sicher nicht.

Einem Großteil meiner Zeitgenossen berichte ich hier sicher nichts Neues. Aber genau diesen Teilen der verschiedenen Bevölkerungen auf unserem Planeten, die diese Mechanismen durchschauen wünsche ich viel mehr Mut und Selbstbewusstsein, um positive Veränderungen zu erzwingen.

Besonders WIR in westlichen Demokratien haben als Souverän, Chancen durch unsere Wahlstimme mit friedlichen Mitteln einen gewissen Einfluss auf gesellschaftliche Entwicklungen zu nehmen. Wir machen allerdings viel zu wenig konstruktiven Gebrauch von unseren Möglichkeiten.

Individuelle Egoismen, so wie Gruppenegoismus haben solidarisches Einstehen für „schwächere" Mitmenschen weitgehend verdrängt. Allzu oft werden Menschen, die von Hause aus schon nicht vom Glück verwöhnt sind, als Kostenfaktoren begriffen und zu allem Überfluss noch immer entsprechend unwürdig behandelt.

Politische Parteien die sich das Wohl ihrer Mitmenschen (der Bevölkerung), nicht nur auf die Fahne geschrieben haben, sondern für dieses Wohl einstehen wollen, bekommen als „Sozialspinner" nur wenig Unterstützung durch die Masse der politischen Wahlentscheider, leider.

Selbst bei Kenntnis der psychologischen Zusammenhänge ist es fast schon als schizophren zu bezeichnen, dass Wähler der Mittel- und Unterschicht politische Parteien, die für eine Besserung ihrer eigenen (der Wähler) Lebenssituation kämpfen wollen - also Wählerinteressen wirklich vertreten wollen - und das nicht nur in ihr Wahlprogramm als reine Phrase geschrieben haben, dass sie diese Parteien bei Wahlen weitgehend außen vorlassen. Sie wählen lieber ihre „Leben – Chancen – Verhinderer".

In der profanen wie in der religiösen Welt sind Menschen leider so konditioniert, dass sie selbst bei einem eigenen Erkenntnisgewinn - d. h. den Weg aus dem Dunkel ins Helle erkennen - Verbesserungen ihrer Lebenssituationen nur schwer umsetzen können.

Verräterische, gemeine Definition

Hauptsächlich von Geistlichen wird religiöser Glaube perfide als innere Sicherheit, die keines Beweises bedarf, definiert. Schon alleine diese dummdreiste Definition des religiösen Glaubens verrät die unrühmliche Absicht und Hinterlistigkeit der Glaubensdoktrin insgesamt. Diesen falschen „Heiligen" muss ihre perfide Absicht, bei jeder verlogenen Aussage, direkt entlarvt werden. Ansonsten sind wir selbst schuld, wenn diese Typen uns immer wieder, so einfach, für dumm verkaufen können.

Religionsverbreitern (Priester etc.) arbeiten mit Vorliebe auf beweisfreien Ebenen. Sie wollen damit verhindern, dass Gläubige die berufliche Existenz der Religionsvertreter insgesamt in Frage stellen und stellen sich sogleich selbst einen Freibrief für störungsfreie Agitationen aus.

Wissenschaft des NICHTS

Seit Anbeginn waren Religionsstifter bemüht Gläubigen, das Nachdenken über den Wahrheitsgehalt ihres religiösen Glaubens, als ihnen (den Gläubigen) nicht zustehend zu untersagen. Gläubige durften keine kritische Fragen stellen, Gläubige müssen einfach nur glauben, basta! Religionsgelehrte beanspruchen das ausschließliche Recht ihre Religion zu definieren. Wohlwissend, dass sie aus reinem Eigennutz eine Wissenschaft der unterirdischen Falschheit, und sogar eine Wissenschaft des NICHTS am Leben halten.

Solche Menschen wurden von vielen großen Denkern - nicht nur von Friedrich Nietzsche (Antichrist) - abgelehnt. Die grenzenlose Einfallt und Bequemlichkeit der religiös gläubigen Zeitgenossen wird am deutlichsten, wenn man sich die Verhaltensmuster des irdisch religiösen Personals deutlich vor Augen führt.

Mit der perfiden Vortäuschung, im Namen Gottes zu handeln (Gott hat gesagt (!)), lässt sich die Masse der gläubigen Bevölkerung hervorragend manipulieren! (Auch profane Politiker bedienen sich dieser Schwäche des religiösen Glaubens.) Nach meiner Erfahrung ist die Masse der Bevölkerung leider zu wenig bereit ihren Glauben zu hinterfragen, selbst wenn ihr Glaube zu ihrem Nachteil ausgelegt wird.

Da wird in der katholischen Kirche noch immer die Beichte abgenommen. Es werden noch immer der „Leib und das Blut" Christi eingenommen. Priester: normale menschliche Wesen (mit allen ihren Schwächen) suggerieren Gläubigen, nach willkürlich X-tem Beten der Vaterunser etc. - als Buse - wird „Sündern" vergeben. Religionsvertreter verhängen und vollstrecken zur institutionellen und persönlichen Befriedigung Strafen, die an Absurdität nichts zu wünschen übrig lassen und die mit Gerechtigkeit nichts zu tun haben müssen.

In diesem Zusammenhang zeigt sich eine weitere große Schwäche, die uns Menschen zu Eigen ist: Aus Angst vor der persönlichen Freiheit, wird die eigenverantwortliche Realität des individuellen Seins nicht voll umfänglich angenommen. Es wird einer nicht existenten geistlichen „Schutzmacht (Gott)", die dem Individuum eine gefühlte Sicherheit suggeriert, ungerechtfertigt und meist kritiklos vertraut. Eine Sicherheit, die es tatsächlich nur gefühlt gibt und die mit dem wirklichen Leben - völlig absurd - in oft konträren Einklang gebracht wird! Was dabei herauskommt ist Bestenfalls in esoterischen (weltfremden) Sphären anzusiedeln.

Exkurs: Warum hat Gott seine Gebote und Verbote nicht der gesamten Menschheit verkündet? Warum hat Gott nicht zur gesamten Menschheit sondern nur zu einzelnen „Würdigen" (Moses, Mohamed etc.) gesprochen? Oder waren diese religiösen Auserwählten vielleicht Menschen, die sich die menschlich- psychologische Schwäche ihrer Zeitgenossen zu Nutze machten, um des eigenen Vorteils willen ihre Artgenossen zu manipulierten und auszunutzen?

Nicht vergessen: „Einem „omnipotenten Schöpfer" steht das Allmachtsparadoxon entgegen". (R.N.D.)

53

Für manche Menschen ist der religiöse Glaube, das Fundament ihres Lebens, den sie auf profane, religionsfreie Bereiche übernehmen. Es sei ihnen gegönnt und niemand sollte sie deshalb verurteilen. Diese Personen berücksichtigen allerdings dabei nicht, dass sich das reale Sein ihrer Mitmenschen, in ihr gedanklich, emotionales Konstrukt - wenn überhaupt - nur in Teilen, keinesfalls aber vollumfänglich einbinden lässt.

Obwohl jeder mündige Bürger wissen kann, dass religiöser Glaube hemmungslos egoistisch von den obengenannten Personenkreisen (Seite 53/2) missbraucht wird, lassen wir es zu, dass diese Menschen ungehindert und ungestraft letztlich gesellschaftsfeindlich (im Sinne von positiven Veränderungen für die Masse der Bevölkerungen) agieren können. Die schlechte Gesinnung dabei ist, dass sie „höchst hinterhältig" verblendete Religiöse nicht konkurrieren und diese eher animieren hemmungs- und bedenkenlos auf den simplen Rest der Menschheit einzuwirken.

Fundamental religiöser Glaube hat sich als aggressives Treibmittel und somit als ein „Kern- Übel" der Menschheit festgesetzt. (R.N.D.)

Hauptsächlich religiöse Fundamentalisten, die dem Islam angehören, tragen mit ihren immer aggressiver nach außen gerichteten absoluten Glaubensforderungen dazu bei, westlich demokratische Gesellschaften in einen Strudel (Wirbel) voller hinterhältiger Falschheiten zu drängen.

Bei Hasspredigten ihrer „Vorbeter" machen Gemäßigte Angehörige des Islam sich so gleich, bis zum heutigen Tag, der Unterlassung schuldig: Die „normal" religiösen Muslime haben ihren extremen Glaubensbrüdern und -schwestern, die Grenzen aufzuzeigen, die für ihre Religion nicht mehr erträglich sind. Sie haben dafür zu sorgen, dass andere Glaubensgemeinschaften den Islam nicht in guten und bösen Islam differenzieren können/müssen; sie haben dafür zu sorgen, dass ihre Religion durch Hassprediger nicht - noch immer - in Verruf gebracht wird.

Man muss kein Prophet sein um zu erkennen, was das „Hauptziel" dieser religiösen Extremisten ist: Hier soll auf höchst perfide Weise eine schleichende Religionssteuerung (Theokratie) der Gesellschaft, auch in westlichen demokratischen Ländern erreicht werden.

Die hinterhältigen Wege extremer Religions-Absichten sind klar und deutlich auszumachen: Fundamentalisten erheben ihre extrem- religiös- politischen und zugleich ihre profanen Forderungen auf eine beweisfreie „Realitätsebene", indem sie sich mit vermeintlichen „Totschlagargumenten" als Wächter und Erfüllungsgehilfen ihrer heiligen Schriften aufspielen. Und das alles unter Vortäuschung edle Ziele für die Menschheit zu verfolgen.

Dass sie dabei eine Sache des Nichts in die Gesellschaften tragen, wird ihnen (wenn überhaupt) nicht genügend schnell und konsequent konkurriert. Sie entlarven bei diesem Verhalten zwar ihre bigotte Religiosität, können aber ziemlich sicher sein, dass ihnen ihre gemäßigten Glaubensgenossen/innen, genau wie die Säkularen, kaum Widerspruch entgegenbringen. Die meisten ihrer Glaubensbrüder und -schwestern haben zu viel Angst als Kleingläubige oder gar als Ungläubige beschimpft und vor ihrer Gesellschaft denunziert zu werden. *Säkulare können hier leider nicht ausgenommen werden.*

Allgemeine Moralvorstellungen

Die allgemeinen Moralvorstellungen des Homosapiens auf unserem Planeten sind außerordentlich und sehr different. Wir erfahren täglich durch Nachrichten aus z. B. der islamischen Welt, dass dort oft (kulturell bedingt) moralische Standpunkte vertreten werden, die mit unserer (der westlichen) Vorstellung von gemeinschaftlichem Zusammenleben schlicht nicht vereinbar sind und zwangsläufig zu enormen persönlichen Differenzierungsproblemen, bei uns und bei islamischen Beteiligten führen müssen, wenn diese beiden Kulturen aufeinanderstoßen.

Als Beispiele seien hier erwähnt, dass in der islamischen Welt ein völlig anderes Verhältnis/Verständnis zu dem Begriff der Ehre gepflegt wird. Selbst unsere Auffassung über das Gut „menschliches Leben" mit dem dazugehörigen Verständnis über den Tod, wird bei vielen Anhängern dieser Religion nicht geteilt und absolut anders bewertet.

(Ich betone schon hier, dass ich mir kein Werturteil über die differenten Moralvorstellungen der verschiedenen Kulturkreise anmaße(!))

Familienehre vs. Integration

Wenn eine Familie beschließt ein Familienmitglied (meist weiblichen Geschlechts), durch wen auch immer, töten zu lassen, weil es ein intimes Verhältnis mit einem Menschen gleichen Geschlechts, eines anderen Kultur- bzw. Glaubenskreises hat und das damit begründet dieses Familienmitglied hätte die Ehre der Familie beschmutzt, fehlt diesen/m Menschen (Familienverband) die Fähigkeit, der Mut und der Wille selbst nachzudenken.

Ihnen fehlt der Mut, ihren eigenen Verstand einzusetzen und die verschrobenen bis ewig gestrigen Vorgaben ihrer religiösen „Vordenker" kritisch zu Hinterfragen.

<u>Persönlich lasse ich mich nicht so tief herunterziehen, um diese unrühmlichen persönlichen und familiären Ehrenkodexe akzeptieren zu können.</u>

Diese jämmerliche Ehre bezeugt nur, dass sich das menschliche Gewissen sehr leicht vergewaltigen lässt! <u>Und weil ein Großteil der Anhänger des Islam ihr Gewissen einer bedauernswerten Ehre unterordnet, gehört der Islam eben nicht in eine Gesellschaft, die sich Religionsfreiheit in ihre profane „Verfassung" (GG) geschrieben hat.</u>

Ehrliche Integrationsbemühungen werden u. a. wegen des fehlenden Mutes überliefertes Kulturgut zu hinterfragen und wegen der Trägheit, eingefahrenes Verhalten abzulegen latent gebremst, wenn nicht gar blockiert, und führen schon deshalb oft zum Scheitern der Bemühungen zur Integration;

Selbst wenn es dabei „nur" um die Verbesserung des friedlichen Zusammenlebens zwischen verschiedenen Kulturen geht. Aber, um das friedliche respektvolle Zusammenleben verschiedener Kulturen muss es gehen, UM NICHTS ANDERES!!

Wo auch immer friedliches und respektvolles Zusammenleben erreicht wird, macht es Integration in eine fremde Kultur absolut überflüssig!

Integrationsbemühungen werden auf Dauer feindselige Auseinandersetzungen zwischen verschiedenen Kulturen solange nicht verhindern, wie Angehörige jeder Kultur auf manipulative religiöse und politische Protagonisten der eigenen Kultur und deren selbstherrlichen, wichtigtuerischen und erpresserischen Egoismen nachgeben und zu allem Überfluss noch in deren Sinne agieren. Die Historie der Menschheit beweist das zur Genüge.

Es glaubt ernsthaft doch wohl niemand, dass sich die Masse der Migranten, die alle auf ihre Weise stolz auf ihre Kultur (Herkunft) sind, in die deutsche

Gesellschaft vollständig integrieren lassen. Migranten, Flüchtlinge auch Auswanderer müssten zumindest Teile ihrer eigenen gewachsenen Kultur und Identität verleugnen oder gar ablegen. Das kann niemals ernster Wille von Menschenfreunden sein. Eine solche systemische Forderung ist von Anfang an hoch Konfliktschwanger und kann nicht funktionieren!

Die perfide politische Absicht dahinter ist entlarvt! Trotz des Wissens, dass Integration so nicht funktionieren kann – eine wirkliche Integration der verschiedenen Kulturangehörigen von Macht- Protagonisten und von nicht unerheblichen Teilen der bereits „einheimischen" Bevölkerung auch gar nicht gewünscht ist - werden Integrationsbemühungen, bis in die Kommunen, heilversprechend hochgefahren. Dass beim Scheitern der „edlen Bemühungen", „Schwarze Peter" letztlich von der jeweils verantwortlichen Politik weiter gegeben werden können, ist glücklicher Zufall. Dreimal dürfen Sie als Leser raten, wer diese A...- Karten innehaben wird. Dass von der konservativen und rechten politischen Seite Stimmen laut werden Integrationsunwillige oder –unfähige abzuschieben, findet so legalen Boden. *(Und das hätte man jetzt auch nicht gedacht, oder?)*

Es gelingt ja nicht einmal z. B. Schalker- Fußball-fans mit Dortmunder- Fußballfans zum friedlichen gemeinsamen Anschauen ihres Fußball- Derbys zu bewegen (Stellvertretend ein einziges simples Bei-spiel, das absolut nicht humoristisch verstanden wer-den kann).

Latenter Rassismus

Der unterschwellig latente Rassismus – Ge-meint ist jener Rassismus, der in uns allen irgendwo verborgen schlummert - wird meist dann zur Oberflä-che transportiert, wenn entsprechende Ereignisse eintreten. Bei oft einfachen Dissonanzen in konkreten Integrationsthemen wird sehr schnell deutlich, dass sowohl bei Menschen mit Migrationshintergrund, als auch bei Einheimischen identische Reaktionen, statt-finden. Man mag es bedauern, aber genau dann wenn Situationen einen zurückhaltenden Umgang mit dem sensiblen Thema Rassismus erfordern, kochen die Volksseelen in unangemessener Weise über und brin-gen die wirkliche Ansicht mancher Zeitgenossen, in unangemessener Weise <u>in die öffentliche Diskussion.</u>

Als Lehrbeispiel für diese These, mögen die Aufgeregtheiten um den Ex- Fußball- Nationalspieler mit türkischem Hintergrund Mesut Özil in 2018 herhalten: Die „Versteher" des Herrn Özil wagen sich aus der Deckung und bestätigen die Aussagen des aus der Nationalelf zurückgetretenen Fußballers (Sinngemäß): „Wenn wir erfolgreich sind, bin ich Deutscher und wenn nicht, bin ich Türke".

Auch viele türkischstämmige Mitmenschen machten offensichtlich die Erfahrung, dass sie selbst bei ihrem ehrlichen Bemühen zur Integration letztlich nicht wirklich akzeptiert werden, wenn es darauf ankommt. Andererseits ist für sie ihre Bindung zu ihrer Herkunftskultur, wichtiger als die absolute Akzeptanz einer differenten Kulturgemeinschaft, was dann den Einheimischen auch sauer aufstoßen muss. Schließlich sind sie, die Migranten - aus welchen Gründen auch immer - zu der „neuen" Kulturgemeinschaft gestoßen.

Dass das von religiösen wie politischen Populisten ausgenutzt wird mag verwerflich sein, aber es ist als Realität ins große politische Kalkül mit einzubeziehen, was leider auch zu oft einschlägig vernachlässigt wird.

Die aktuell kriegerischen Auseinandersetzungen verschiedener Volksgruppen in der Ukraine sind z. B. entsprechend einzuordnen: Hier zeigt sich ein klassisches Beispiel wie sich Menschen, die als Nachbarn friedlich zusammen lebten, durch völlig verfehlte und rücksichtslose Politik zum mörderischen Mob manipulieren ließen.

Eine Analyse falscher politischer Bestrebungen durch die USA, die NATO und der EU ihren Einflussbereich nach Ost- Europa zu erweitern; die „zwangsläufig" zur Annektion der Krim durch Russland führen musste, würde hier den Rahmen sprengen!

KRITISCHES HINTERFRAGEN, SELBSTNACHDENKEN, ZIVILER UNGEHORSAM, WIDERSTAND WENN NÖTIG, REVOLUTION OHNE TERRORISMUS wird von der Masse - der differenten Bevölkerungen - leider immer wieder vernachlässigt.

Integration der falsche Ansatz?

Bei der Begriffsbestimmung „Integration" ist davon auszugehen, dass es u. a. um eine (Wieder)herstellung eines Ganzen, einer Einheit, durch Einbeziehung außenstehender Elemente etc. zu einer Vervollständigung kommt. (Handwörterbuch Psychologie // Asanger/Weninger)

Die Bundesregierung hat mit der Meseberger Erklärung im Mai 2016 gute Ansätze formuliert.

Jedoch, wie zuvor schon erwähnt: „Die Integration von Personen in eine bestehende Gesellschaftsordnung, ist eigentlich überflüssig und oft Kontraproduktiv und somit von vornherein zum Scheitern verurteilt!" Viel wichtiger ist es, dass die bestehende Gesellschaftsordnung, in der „fremde" Menschen nun leben möchten, von diesen neu hinzu gekommenen Personen zu respektieren ist, ohne, dass diese „Neuankömmlinge" den Versuch unternehmen, die eigenen kulturellen Vorstellungen und Gepflogenheiten in die bestehende Gemeinschaft zu transferieren, oder sie gar in die bestehende Kultur zu zwängen.

Dass neu hinzugekommene Menschen sich ohne Wenn und Aber an die bestehenden Gesetze und an die Gepflogenheiten ihres Gastlandes zu halten haben <u>darf nicht als Höflichkeitsforderungen verstanden werden!</u> Ich gehe noch weiter:

<u>Die Forderung sich ohne Wenn und Aber an Gesetze und Gepflogenheiten des Gastlandes zu halten darf kein Diskussionsthema sein, egal welche kulturellen Voraussetzungen/Hintergründe Flüchtlinge, Auswanderer etc. mitbringen!</u>

Das schließt absolut nicht aus, dass, eine bestehende Kultur- Ordnung (wenn es so etwas gibt) auf
freiwilliger Basis fremdes Kulturgut übernehmen
kann. Ob allerdings fremdes Kulturgut übernommen
wird, bestimmen nicht Neuankömmlinge sondern, die
alt eingesessene Community entscheidet hierüber.

Die mannigfaltigen Beschäftigungen mit Glau-
bensthemen, die demokratischen Gesellschaften,
durch religiöse Fundamentalisten des Islam mit ihren
extremen Aussagen und Forderungen aufgezwungen
werden, führen weltliche Politiker und einen Großteil
der Bevölkerungen – selbst gemäßigte Religiöse bleiben hiervon nicht verschont – in einen „Irrgarten", in
dem sie sukzessive, aber unweigerlich den Überblick
verlieren, was von religiösen Fundamentalisten sicher
auch beabsichtigt ist.

Die Forderungen vieler kommunaler Institutionen, in einen religiös gesellschaftlichen Dialog mit anderen Glaubensgemeinschaften z. B. dem Islam zu
kommen oder zu bleiben, mögen auf der religiösen
Ebene richtig sein. Diese Forderungen müssen allerdings unbedingt auf privater Basis, also rein auf die
private Ebene, beschränkt bleiben.

Religion ist reine Privatsache

Religiöser Fundamentalismus ist nachhaltig, - in unserer Gesellschaftsordnung - am wirkungsvollsten zu bekämpfen, indem jeder Religionsunterricht aus den Lehrplänen der öffentlichen Schulen gestrichen wird.

Die Vergangenheit hat gezeigt, dass es zusätzlich nötig ist, die Predigten in „heiligen Tempeln" auf moderate Neutralität zu überprüfen.

Religionsunterricht kann zum Beispiel durch zeitgemäße „Sozialkompetenzfächer" ersetzt werden. Es ist viel dringender und wichtiger unsere Kinder präventiv vor akuten Verrohungstendenzen zu schützen, als ihnen evtl. Waffen zur Selbstverteidigung in den Schulranzen zu packen.

Hasspredigten, gleich welcher Einfärbung müssen - bei aller gebotenen und nötigen Differenzierung -vehement und rücksichtslos bestraft und in letzter Konsequenz bei Flüchtlingen und Einwanderern etc., sogar mit der Ausweisung aus dem Gastland geahndet werden.

Religionsunterricht jeglicher Art hat an öffentlichen Schulen nichts verloren!! Wiederholung: Wird die im GG festgeschriebene Religionsfreiheit ernst genommen, heißt das nicht nur, dass jeder seine Religion frei bestimmen und ausüben kann, es heißt vor allem, dass jeder Mensch (jede/r Schüler/in) sein Leben - frei von Religion - einrichten kann, ohne befürchten zu müssen, dass Er/Sie, durch wen auch immer, religiös indoktriniert wird.

Die allermeisten gesellschaftlichen Probleme auf unserem Planeten gäbe es gar nicht, würde dem religiösen Glauben seine Überbewertung entzogen und die Trennung von Staat und Religion absolut vollzogen!!

Dazu gehört u. a. auch, dass Kirchensteuer vom Lohn und Gehalt nicht automatisch einbehalten und vom Fiskus an die Kirchen abgeführt werden darf. Nicht nur ich empfinde es als eine Unverschämtheit, was sich der „Gesetzgeber" da einfallen ließ. In modernen Bürgergesellschaften des 21. Jahrhunderts sollte der Staat die Mündigkeit seiner Bürger respektieren und jeden Einzelnen entscheiden lassen wie viel, wofür und wann er/sie sein/ihr erarbeitetes Einkommen (nach Abzug weltlicher Steuern) ausgibt.

In unserer weltlich- politischen Gesellschaft dürfen Überlegungen des religiösen Dialogs nur eine weitestgehend untergeordnete Rolle spielen.

Religiöse in ihre Schranken weisen

Es ist, nicht zuletzt, für ein Zustandekommen des friedlichen Zusammenlebens absolut wichtig, aggressive Vertreter religiöser Glaubensrichtungen in ihre Schranken zu weisen und Religionen in den Privatbereich (wo sie hingehören) zu verbannen!

Allen religiös Gläubigen sollte klar sein, dass es sie absolut nichts angeht zu welcher Religionszugehörigkeit sich ihre Zeitgenossen zählen lassen. Es bleibt jeder mündigen Frau und jedem mündigen Mann überlassen, ob sie/er sich über das eigene Glaubensbekenntnis offenbaren will oder nicht.

Die inkonsequente Handhabung unserer profanen Politiker zwischen Kirche und Staat keine klare Trennungslinie zu ziehen, macht ein positives multikulturelles Zusammenleben so gut wie unmöglich <u>und aktuell zunehmend höchst gefährlich!</u>

Wenn zum Beispiel Anhänger des radikalen Islam Andersgläubige (Ungläubige) verleumden, indem sie diesen Menschen weniger Wertschätzung entgegenbringen als sie Schweinen entgegenbringen, lässt das ganz gewiss keinen Spielraum für eine Diskussion, oder gar für eine sinnvolle Kommunikation.

Nicht nur in Berlin und in anderen Großstädten, auch in Schulen auf dem Lande gibt es Fälle, wo Schüler glauben sich über Wertigkeiten differenter Religionen (über Allah und Gott etc.) streiten zu müssen! Dass eine Schülerin sogar mit dem Tode bedroht wird - so geschehen in Berlin - weil sie nicht in das Glaubensmuster muslimischer Mitschüler passt, darf nicht als Einzelfall abgetan werden, das wäre sehr fahrlässig und mit hoher Naivität beschlagen.

Europäische Bildungsinstitutionen müssen ihren Aufklärungs- und Erziehungsauftrag viel stärker wahrnehmen!

Deutsche Schulleitungen, Bildungsverwaltungen und die zuständigen Ministerien machen sich bei lascher Handhabung, oder durch unangebrachtes, ständiges Relativieren solcher Fälle für weitere Eskalationen zu fast Alleinschuldigen. Solche Institutionen inklusive die Eltern sind gefordert, wenn es darum geht, auf diese schlimmen Zeichen der Zeit sehr schnell zu reagieren und mit aller Konsequenz gegen derart gefährliche Tendenzen präventiv vorzugehen.

Hier gilt es wirklich, dass hauptsächlich Schulen auch ihren Erziehungsauftrag erfüllen. Eltern haben in solchen und ähnlichen Situationen wenig Einfluss auf ihren Nachwuchs. Die Erziehung ihrer Kinder durch die Straße spielt sich in Grauzonen ab, in denen sich der Nachwuchs meist bewusst distanziert zu seinen Eltern verhält.

Noch einmal: Allen Schülern/innen ist klar zu machen, dass es niemanden etwas angeht, welchem religiösen Glauben sie zugehören, so wie ihnen beizubringen ist, dass es sie selbst nichts angeht, welchem religiösen Glauben ihre Mitschüler anhängen. Schon aus diesem Grund muss Religionsunterricht an öffentlichen Schulen abgeschafft werden. Denn schon die Einteilung in katholischen und evangelischen Religionsunterricht, offenbart bereits die Glaubensrichtung der Schüler.

In der Regel wird Kindern vorgegeben, von wem auch immer, zu welchem religiösen Glauben sie zu gehören haben. Deshalb kann es sicher nicht darum gehen, diese jungen Menschen gegen ihre Eltern, oder Geistlichen aufzuwiegeln.

Wichtig ist aber, dass junge Menschen angehalten werden keinesfalls auf selbstständiges Denken zu verzichten, sondern unser aller menschliches Zukunftspotential muss zu selbstständigem Denken erzogen werden!

<u>Die absolut falsche Konditionierung und das Indoktrinieren unseres menschlichen Nachwuchses durch Religion müssen endlich aufhören!!</u>

Es braucht Mut VERBOTENES zu denken

Mit anderen Worten: Es wäre illusorisch anzunehmen, man könne die große Masse der religiös Gläubigen in selbstbewusste und religionsfreie Selbstdenker umerziehen, dafür müsste man sie zum Beispiel animieren, ihre heiligen Schriften mit Verstand vollständig zu lesen.

Menschen mit klarem Menschenverstand und dem Mute „verbotenes Denken" zu denken, wären sehr schnell von der abgrundtiefen Falschheit vieler der geistlichen Doktrin überzeugt.

Durchaus nicht illusorisch ist es, Schüler/innen positiv moralische/ethische Werte ohne religiöse Einfärbungen oder gar geistliche Doktrin zu vermitteln.

Denn es gilt absolut: **Positive Moral braucht keine Religion, Religion braucht aber viel mehr positive Moral.**

Protagonisten politischer Parteien müssen wir mit ihrer als Totschlagargument benutzten Aussage „christliche Werte hochzuhalten" ins Leere laufen lassen. Ich spreche in diesem Zusammenhang erst Mal nur von deutschen, meist konservativen Politikern. Denn auch sie instrumentalisieren ihre Religionen (genauso wie es geistliche „Lenker" zu tun pflegen) perfide als Mittel, um das Wahlvolk klein zu halten, im Volk Ängste zu schüren, um die Bevölkerung in diesen Ängsten zu belassen, damit leichter gelenkt/gesteuert/geführt werden kann. Das funktioniert nicht nur in der Religion, das geht in der profanen Politik ganz vortrefflich auch. Allerdings, auf beiden Ebenen (weltliche und sakrale) sind es in der Regel hohle Phrasen, die diese Opportunisten sehr perfide verbreiten. Diese These habe ich in meinem Buch „Nützliche Idioten" ausführlich begründet, weshalb ich hier nicht näher darauf eingehen will.

Welche christlichen Werte?

Bei der Diskussion ob der Islam zu Deutschland gehört oder auch nicht, betonen zum Beispiel haupt-

72

sächlich konservative Politiker, dass Deutschland eine christlich geprägte Wertegesellschaft ist und der Islam nicht zu Deutschland gehört. Ich frage mich dann: Was meinen diese Staatsdiener damit, wenn sie die „Christlichen Werte" hochhalten wollen?

Meinen sie damit, dass durch die ungerechten Agenda 2010 Gesetze (Hartz IV) ganze Familien, meist unverschuldet, an den Rand der Gesellschaft gedrängt wurden und noch immer gedrängt werden?

Meinen sie damit, dass durch die Hartz IV Gesetze letztlich ungestraft gegen das Grundgesetz, das die Bürger vor staatlicher Willkür schützen soll, verstoßen werden kann?

Meinen sie damit, dass zum Beispiel kleine Sachbearbeiter (Fallmanager) in den Arbeitsagenturen Sanktionen verhängen dürfen, die laut Grundgesetz nur gegen verurteilte Straftäter zulässig sind (Zwangsarbeit)?

Meinen sie damit, dass Frauen bei gleicher Arbeitsleistung, wie sie Männer verrichten, geringer entlohnt werden?

Meinen sie damit, dass Frauen auch bei christlich religiösen Reformen noch immer nicht als vollwertig emanzipierte Menschen berücksichtigt werden?

Meinen sie damit, allgemein nicht akzeptable Arbeitsbedingungen zu schaffen, damit die abhängig Beschäftigten – steuerpflichtige Erwerbstätige - ihre Arbeitgeber (die eigentlichen Arbeitnehmer) als ihre Brotherren alter Prägung empfinden müssen?

Meinen sie damit, die Tatsache, dass viele Berufsgruppen (Geringverdiener, Alleinerziehende, Teilzeit-Jobber, aber auch Vollbeschäftigte) so wenig verdienen, dass sie noch Transferleistungen vom Staat benötigen?

Meinen sie damit, dass betroffenen Familien und Alleinerziehenden der Zugang zum gesellschaftlichen Leben völlig entzogen wurde und wird?

Meinen sie damit, dass die Kinder aus diesen betroffenen Familien kaum eine Chance haben auf ordentliche Bildung und somit auch keine Möglichkeit dem Teufelskreis der Armut zu entkommen?

Welche christlichen Werte meinen diese scheinheiligen Zeitgenossen?

Das Widerlegen heuchlerischer Argumentationen durch „Bewahrer" christlicher- Werte könnte man auf viele Gebiete des täglichen weltlichen und geistlichen Lebens ausdehnen. Kein Bürger mit einigermaßen klarem Menschenverstand wird Probleme haben, die Aussage „christliche Werte hochhalten" als reine populistische Manipulation zu erkennen. Solche Aussagen haben Zirkelschluss- Charakter und neigen dazu als Totschlag- Argumente zu dienen, es sollen Kritiker mundtot gemacht werden.

Menschlichkeit und Moral

Allgemeine Moral Definition: (Wikipedia)
Faktisch bezeichnet man mit Moral die Handlungsmuster, -konventionen, -regeln, oder –prinzipien bestimmter Individuen, Gruppen oder Kulturen. Die Bezeichnungen Moral, Ethos oder Sitten sind in ihrer Bedeutung weitgehend gleichbedeutend und werden deskriptiv gebraucht.

Bei meiner Moral- Kritik gehe ich nicht so sehr von einer allgemeinen Moral- Definition aus, sondern ich unterscheide zwischen dem Anspruch, der (einseitig/simpel) mit diesem Begriff assoziiert wird und dem faktischen Umgang mit dem Moralanspruch im Allgemeinen.

Ich spreche von der positiven Moral einerseits und der negativen Moral andererseits; beide Teilbereiche gehören zur Definition des übergeordneten Begriffes Menschlichkeit!

Auch der Begriff Menschlichkeit muss gedanklich ebenfalls in positive Menschlichkeit und negative Menschlichkeit eingeordnet bleiben. Beide Begriffe (Moral und Menschlichkeit) finden im Allgemeinen Sprachgebrauch, sehr einseitig nur auf einer hehren (positiven) Ebene Anwendung.

Alle positiven wie negativen Eigenschaften von uns Menschen, bezeugen unsere Menschlichkeit und unseren Umgang mit dem Moralbegriff. Die Begriffe: Menschenfreund, Menschenfeind etc. sind gleichberechtigte Bestandteile des Begriffes Menschlichkeit. Nicht nur der Inbegriff „Nächstenliebe" steht für „Menschlichkeit"!

Positive und negative Moral sowie unser Mensch sein (Menschlichkeit) müssen wir einfach nur aushalten und versuchen das Beste daraus zu machen, was immer damit verbunden ist!

Ob es uns gefällt oder nicht die Attribute Falschheit, Verlogenheit, Ungerechtigkeit, Grausamkeit etc. gehören zu unserem Menschsein, genauso wie Empathie, Liebe, Rücksichtnahme, Mitgefühl usw. Alle denkbaren menschlichen Eigenschaften sind in jedem menschlichen Wesen verankert und keine Person kann sich davon freisprechen.

Es soll tatsächlich Menschen geben, die sich für „bessere Menschen" halten! Nur, ich habe noch keinen solchen besseren Menschen getroffen!

Welche Moralvorstellungen in einer Gesellschaft Gültigkeit erlangen, bestimmen, wenn auch oft erst mit einer gewissen Zeitverzögerung, die jeweiligen Gesellschaftssysteme!

Exkurs: Die Psychologie hält sehr viele Informationen über das differente Moralverständnis mit all ihren wissenschaftlichen Begründungen vor. Die Symbiose zwischen Moral und Menschlichkeit ist leicht verständlich und sehr vereinfacht in diesem Buch dargestellt, was der praktischen Anwendung und der Verifizierung meiner Thesen keinesfalls abträglich ist!

Praktischer Anschauungsunterricht für diese These wird uns nun schon seit Jahren, nicht nur in der Bundesrepublik Deutschland, geboten. Es ist täglich, ja fast stündlich zu hören, zu lesen und zu sehen, wie sich bürgerliche Gemeinschaften auf der ganzen Welt sukzessive aber unaufhörlich radikalisieren, dabei geht eine enorme Verrohung bei dafür „empfänglichen" Menschen, mit einher. Gewaltszenen, die in den klassischen und modernen Medien jederzeit dargestellt werden, tragen ein erhebliches Maß dazu bei.

Der Film- Fernseh- und Spieleindustrie unterstelle ich hier eine besondere Verantwortung für diese Verrohungen der Gesellschaften; politische Parteien, nicht nur des rechten wie linken Flügels, tragen sicher ihren Teil zu dieser verhängnisvollen Entwicklung bei. Was z. B. das übermäßige Darstellen von Gewaltszenen mit künstlerischer Freiheit zu tun haben soll, erschließt sich wohl nur gewissenlosen Geschäftemachern.

Das Problem bei derartig negativen Veränderungen ist: Haben negativ moralische Wertesichten einmal Fuß gefasst - sind sie nur sehr, sehr schwer korrigierbar. Klassische Beispiele, wie es fast unmöglich ist Menschen, die in eine bestimmte Richtung indoktriniert und konditioniert wurden, zu gerechterem moralisch einwandfreien Verhalten (also zum Besseren) anzuhalten, erleben wir immer wieder.

Beispiele: Nach dem zweiten Weltkrieg haben nicht zuletzt angewöhnte, ungerechte und aggressive

Verhaltensweisen der Ordnungsmacht in der BRD mit zu den Aufständen der „68er Bewegung" geführt. Diese ungerechten und aggressiven Dienstauffassungen sind bis zum heutigen Tag, in manchen Amtsstuben zu beobachten.

Das negative Moralverhalten biblischer Figuren in heiligen Schriften erfahren bis zum heutigen Tag zu wenig Aufmerksamkeit und kritisches Hinterfragen:

Die unmoralischen und verwerflichen Passagen in den „Heiligen Schriften" der Christen und der Muslimen, werden von den Gläubigen einfach ausgeblendet. (Stellvertretend seien hier nur wenige Texte aus der Bibel genannt: 3. Buch Mose 12 / 4. Buch Mose 31 / Buch Hiob / Buch der Richter) Den religiösen Glauben in Frage zu stellen findet, nach Ansicht der ach so „Gläubigen" und deren geistlichen Lenkern, nur unter verirrten/verwirrten „Spinnern" (um nicht zu sagen Verbrechern am Glauben) statt!

Rassisten, Nationalisten und anderen extremen Wirrköpfen lassen wir zu viel moralisch bedenklichen Spielraum für ihre Agitationen

Neonazis, AfD, Pegida und Reichsbürger etc. dürfte es in Deutschland – mit unserer unrühmlichen

Vergangenheit - gar nicht geben. Deren durchweg stupide rassistische und nationalistische Forderungen werden von zum Beispiel Protagonisten der Politik seltsam zurückhaltend kommentiert. Sprechen Nationalisten beispielsweise davon, für ihre Heimat einzustehen und aus Sorge um ihr Vaterland zu handeln, wird ihnen nicht unmissverständlich klar gemacht, dass ca. 85 Prozent der deutschen Staatsbürger bestimmen welche Gesellschaftsform in Deutschland gewünscht ist. Ihnen wird nicht unmissverständlich klar gemacht, dass ihresgleichen Deutschland in Verruf gebracht haben, dass sie die wirklichen Vaterlandsverräter sind. Wenn es diesen restlichen 15 % nicht passt: Wir sind ein freies Land, „EUCH hindert niemand unser Land zu verlassen", unsere Grenzen sind nach außen offen. Nein! Es wird deren Wählerstimmen wegen, angestrebt, nach dem Gedankengut dieser falschen Patrioten, Vaterland- Schützer („Heimatverbundenen") zu agieren. Und oh, welch Wunder! Dass dabei eine ungerechte inhumane Politik für einen Großteil der Bevölkerung heraus kommt, hätte man jetzt auch nicht vermutet! Oder?

Aber Intelligenz ist immer begrenzt! Dummheit oft nicht, leider!(R.N.D.)

Besserungsproblematik

Veränderungen ganzer Bevölkerungsmassen, zum Nachteil des moralisch einwandfreiem Handelns und Denkens gehen verhältnismäßig schneller voran, als dass sich Aufforderungen zum positiven, empathischen Verhalten der Gesamtbürgerschaft durchsetzen lassen. Die Geschichte lehrte uns schon sehr früh, dass populistische Parolen - mögen sie noch so menschenfeindlich sein - sehr schnell ihre Abnehmer finden, um von dann diesen Mitläufern, mit Innbrunst angewandt und verteidigt zu werden.

Selbst Individualisten, die sich im Studium oder im Beruf mit dem Thema Ethik/Moral professionell beschäftigen, vernachlässigen - über ihren akademischen Umgang mit der „Materie" hinaus - ihre Verantwortung zur Aufklärung über einen eingeschlagenen bösen Weg.

Oft schließen sich „intelligente" Menschen üblen Demagogen an. In ihrer Selbstüberschätzung glauben diese „Arroganten", weniger gebildete Demagogen als sie es sind, als nützliche Idioten gebrauchen zu können und merken fast immer zu spät, dass sie selbst nützliche Idioten für ihre „Führer" sind. Diesen Personen und ihren Führern (Wichtigtuern) sei gesagt:

> „Du kannst nicht ändern, dass ich weiß,
> Wie sehr du klein und nichtig,
> Und machst du dich auch noch so sehr
> Durch Tod und Donnern wichtig."
> (Heinrich Heine)

Dabei spielt es keine Rolle ob es sich bei diesen, durchweg „selbsternannten Anführern" um geistliche oder weltliche Psychopathen handelt. Wir alle sind dafür verantwortlich, dass Wichtigtuer und Größenwahnsinnige an die Macht kommen können.

Moderne erziehungswissenschaftliche Erkenntnisse, die ein Gegensteuern zu den obengenannten verhängnisvollen Entwicklungen zum Thema haben, produzieren bei manchen Zeitgenossen wiederum abstrakte Wunschvorstellungen, die (wenn überhaupt) nur sehr schwer umzusetzen sind. Thomas Mourus Werk „Utopia" (Ein ideeller Gesellschaftsvertrag dem es an Humanität und Gerechtigkeit nicht mangelt (!)) mag hier als klassisches Beispiel für diese Unterstellung genannt werden dürfen.

Auch wenn dieses Werk, des Herrn Morus keiner wissenschaftlichen Prüfung standhalten kann; die

Mechanismen für unrealistische Wunschvorstellungen in diesem Werk sind klar erkennbar und noch immer aktuell. Falsche Moralisten nutzen diesen Irrationalismus bei der Masse einer Bevölkerung, für ihre egoistischen Interessen schamlos aus und das funktioniert im 21. Jahrhundert immer noch hervorragend. Wen es wundert, dass das hauptsächlich auf dem Gebiet des religiösen Glaubens fruchtet...

Das interessante Gebiet der Denkpsychologie

Psychologen untersuchen in der Denkpsychologie, wie wir Menschen schlussfolgern und warum wir dabei Fehler machen: Wir denken oft nicht formal – logisch sondern wir benutzen stattdessen Heuristiken.* Und hier entstehen systematische Fehler, weil Vorurteil, Befangenheit, Tendenz oder kognitive Verzerrung (engl. Bias = Fachausdruck) in unsere Schlussfolgerung mit einfließen. Es werden somit unlogische, oft glaubwürdige Schlüsse für wahr genommen! Ebenso werden valide, jedoch unglaubwürdige Folgerungen (engl. Belief-Bias) irrtümlich für falsch gehalten! Weit verbreitet ist die Tendenz Konklusionen für wahr zu halten, die die eigenen Überzeugungen bestätigen (engl. confirmation bias = Bestätigungsfehler). (Quelle: Handwörterbuch Psychologie A. W.)

Wenn ich unser schlussfolgerndes Denken in diesem Part des Buches in den Vordergrund stelle, hat das für die These meines Buches (siehe Buchtitel) höchsten Stellenwert. Mir ist durchaus bewusst, dass meine Sicht der Dinge (meine Weltanschauung) kausal auf diesen, im Folgenden detailliert beschriebenen psychologischen Fakten fußt:

Unsere kompetenten Denkleistungen machen unseren sozialen gesellschaftlichen Zusammenhalt erst möglich.

Unsere inkompetenten Folgerungen bergen die Gefahr als Spaltkeil für bisher gute funktionierende Gemeinwesen zu dienen und machen leider immer wieder, eigentlich gewünschtes multikulturelles Zusammenleben ziemlich unmöglich. Gerade wenn private inkompetente Konklusionen manipulativ als politische Instrumente eingesetzt werden und als unabdingbar überlebenswichtig für die Masse einer Bevölkerung dargestellt werden.

Dass solche Vorgehensweisen von profanen und geistlichen Protagonisten gleichermaßen praktiziert werden, bedarf sicher keines extra Beweises. Die Menschheitsgeschichte strotzt vor unrühmlichen Beispielen- das Erschreckende daran ist, dass diese Verfahren bis zum heutigen Tag feste Bestandteile politischer Agitationen sind. Dass hinterhältig veröffentlichte unhaltbar falsche Folgerungen als „Brandbeschleuniger" für kriminelle „Brandstifter" dienen ist eine Tatsache, die zwar bekannt, aber kaum zu verhindern ist, leider.

Schlimm ist, dass wir zu bequem sind und entsprechend politische sowie religiöse Machenschaften nicht wirkungsvoll, schnell und aggressiv genug entgegentreten. Was dazu führt, dass bewusst falsch gesetzte Behauptungen Mehrheitsfähig werden, wenn sie nur oft und lange genug wiederholt werden, eine nur schwer erträgliche Tatsache!

Es geht in diesem Werk nicht darum ein weiteres Fachbuch über die Kompetenzen und Unzulänglichkeiten menschlicher Geistesleistungen zu schreiben. Die Intention durch meine faktische Weltanschauung unseren gesellschaftlichen Unwahrheiten einen Spiegel vorzuhalten, war mit ausschlaggebend, das vor Ihnen liegende Buch zu schreiben.

Meine Intention als „Getriebener" schriftliches Zeugnis abzulegen, resultiert aus der Sorge nicht genügend für den Erhalt unseres Gesellschaftssystems (unserer Demokratie) gekämpft zu haben. Mit der Erkenntnis der Notwendigkeit, dass überzeugte Demokraten Tag für Tag für ihre Demokratie kämpfen müssen, um sie zu nicht zu verlieren, stehe ich sicher nicht alleine da. Allerdings bereitet mir die Tatsache, wie schnell es gehen kann, dass Freiheit und Rechtsstaatlichkeit, auch bei uns in Deutschland, abgeschafft werden kann, einiges Unbehagen. Diese Gefahr entgegen zu wirken, ist meine Hauptmotivation. Ich möchte nicht irgendwann morgens aus meinem Bett aufstehen und feststellen müssen, dass ich sträflich versäumt habe, für meine Überzeugung eingestanden zu sein.

Mir ist völlig klar, dass auch ich nur ein Mensch mit all seinen Fehlern bin. Meine Jahrzehntelange Beschäftigung mit unserer freiheitlich demokratischen und rechtsstaatlichen Gesellschaftsordnung und mit der christlichen sowie islamischen Religion ängstigt mich dermaßen, dass ich eine ernsthafte und leider gesellschaftlich unterschätzte Gefahr für unser demokratisches Gemeinwesen erkenne.

Den religiösen Glauben habe ich, wie schon erwähnt, als das Kern-Übel der Menschheit begriffen.

Dabei gehe ich gewiss nicht davon aus, meine Zeitgenossen von ihrem religiösen Glauben abbringen zu wollen. Die Unmöglichkeit solches erreichen zu wollen, ist mir als Realist durchaus bewusst. Ich kämpfe nur mit Leidenschaft dafür, dass Religion von der Gesellschaft als das eingestuft und behandelt wird, was sie ist, nämlich reine Privatsache. Keiner Religion sei gestattet mir vorschreiben zu wollen, was ich zu essen habe und keiner Religion erlaube ich in mein Liebesleben einzugreifen. Ich gestehe niemanden und schon gar keiner Religion das Recht zu Menschen vorschreiben zu können, was sie zu glauben haben, was in der Realität auch gar nicht möglich ist, denn unsere Gedanken sind, über Manipulationen hinaus, wirklich frei!

Soll heißen: Werden Menschen <u>gezwungen</u> ein Glaubensbekenntnis abzulegen sagt das nur, dass es uns Menschen möglich ist, Idioten gefahrlos einen Gefallen zu tun!

Aber es sind eben fundamentalistische (meist nützliche) Idioten, die Macht und die Fähigkeiten haben ihre Mitmenschen aufs schäbigste und hinterhältigste zu beeinflussen. Und wird eine Menschenmasse in eine bestimmte Richtung manipuliert, ist es ziemlich aussichtslos gegen einen solchen Mainstream anzukämpfen.

Die Gefahr liegt also darin, dass wir diesen fundamentalen Protagonisten nicht entschlossen entgegentreten und sie in ihre geistig religiöse Privatsphäre verweisen. Jede ihrer aufwieglerischen Umtriebe, in unserer weltlichen Gesellschaft, müssen wir verbieten und unterbinden.

Wir können, die von uns gewollte und gewählte Gesellschaftsordnung nur erhalten, wenn wir dem Glauben nur solange freien Lauf gestatten, wie er nicht in unser religionsfreies (profanes) friedliches Zusammenleben einzugreifen versucht.

Prophezeiung: Wenn wir es nicht schaffen Religion in den Privatbereich zu begrenzen, werden wir uns mit immer neuen Kriegen beschäftigen müssen; werden wir Terrorismus immer und überall eine Tür offen halten! Schon aus diesem Grunde muss folgendes völlig legal sein: Der Versuch von hinzugekommenen Menschen, die aggressiven und oft konträre Sichtweisen, in funktionierenden „communitys" nach außen zu tragen, muss präventiv unterbunden werden.

Es darf nicht sein, dass Flüchtlinge, Einwanderer etc. ihren Hass auf anders Gläubige, anders Denkende, sexuell anders veranlagte Personen und Menschen anderer „Rasse" auf die Straßen der jeweils Einheimischen zu tragen. Einheimische haben in ihrer bisherigen eigenen gesellschaftlichen Gemeinschaft selbst schon alle Hände voll zu tun, mit den genannten, geschilderten Themen/Problemen fertig zu werden.

Es muss bereits ausreichen fremde Menschen, die in einem neuen Land Schutz oder was auch immer suchen, sofort aus der Community auszuschließen, wenn diese Personen ihre Weltanschauung öffentlich mit Hass- Parolen auf die Straßen tragen.

Scheinheiliges Wirken

Wobei sich in diesem Zusammenhang ein weiteres gesellschaftlich moralisches Manko auftut: Durch die inkonsequente Handhabung, der vorgetäuschten Trennung von Kirche und Staat fließen immer wieder religiöse Hinterhältigkeiten in die profane Realpolitik ein! Diese Hinterhältigkeiten sind überall extreme Falschheiten, sie gehören sich einfach nicht.

Dass im Jahre 2018 ein Bayrischer Ministerpräsident vorschreibt, in öffentlichen Einrichtungen (Behörden etc.) Kreuze aufhängen zu lassen und sein Wahlvolk keine bayerische Revolution anzettelt, sagt einiges über den Geisteszustand des harten Kerns seiner Wähler aus:

Herr Markus Söders Absicht war, Wählerstimmen „fischen", am rechten Rand, für seine anstehende Landtagswahl.

Es zeigt sich dabei Zweierlei:

1. Seine eigene verlogene Religiosität, wenn er das Symbol des Kreuzes wirklich verstanden hat.
2. Dass er in Punkto rechtskonservativer -radikaler Wähler auf ein Klientel setzt, das an vieles glaubt, an Gott und die Religion, mit absoluter Sicherheit nur verlogen.

Dieses Wahlvolk hält von Menschenrechten, von Nächstenliebe so gut wie nichts, wie deren ständigen Äußerungen in Bezug auf Flüchtlinge, Migranten, deutlich zeigen. Gerade Personen die dem politisch rechten Spektrum zuzuordnen sind, haben in der Vergangenheit gezeigt welche „christlichen Werte" sie hochhielten: Es waren hauptsächlich rechte Christen, die den Holocaust, im dritten Reich verübten. Offensichtlich muss man diese Tatsache den ach so frommen Christen- Menschen, immer mal wieder, ins Gedächtnis rufen.

In diesem Punkte sind Berührungspunkte zwischen Nationalisten (Rechtsextremen) und Gottesstatt- Anhängern sowie fundamentalen Kommunisten auszumachen.

Wenn Gottesstaat- Gläubige ihren Glauben als ausschließliche Regierungsform installieren und akzeptieren wollen, heißt das, dass sie das menschliche Streben nach persönlicher freier Entfaltung menschlichen Seins brutal unterdrücken wollen.

Hier und wie in vielen anderen Lebensbereichen sehen wir Menschen uns ständigen Konflikten zu unseren individuellen Interessen ausgesetzt. Einerseits geben wir gern Verantwortung ab und wünschen uns oft, auch als Erwachsene mündige Bürger, in eine „väterliche Obhut" (Religion/Gott) zu flüchten. Andererseits ist uns unsere persönliche Freiheit und Eigenständigkeit so wichtig, dass wir uns nicht gern etwas vorschreiben lassen wollen (eine Absurdität). Diese und ähnliche Diskrepanzen entstehen schon im Elternhaus, in der elterlichen Erziehung und in der Schule. Wenn bei der Kollision solch zweier gegensätzlicher Interessen etwas Neues- Positives entstünde, könnte man es sogar als „segensreich" empfinden. Allerdings verhält es sich so, dass wir, für solch einen

Fakt, noch nicht einmal eine Allegorie erdenken können, die uns wenigstens gedanklich entlasten würde.

Eltern handeln meistens nach durchaus egoistischen Motiven, ihre Vorstellungen durchzusetzen, um „das Beste" für ihre Kinder zu erreichen. Auch Eltern verschanzen sich dabei gern hinter ihren Kompetenzen als Eltern. Jedoch, oft versäumen sie kritisch zu hinterfragen, ob sie die Vorstellungen ihres Nachwuchses genügend in ihre erzieherischen Entscheidungen einbezogen haben. Ist das alleine schon als unmoralisch zu bewerten?

Allerdings handeln die erwähnten Gottes-Gläubigen nach einer zutiefst menschlichen Eigenschaft, nämlich, sich hervorragend selbst belügen zu können und sich belügen zu wollen! Dass das bereits unmoralisch ist − wenn überhaupt darüber nachgedacht − wird gern ignoriert, was auch wieder mit den positiven Moralvorstellungen, die wir „edle Menschen" in den Human- Philosophien dokumentiert haben, nicht viel zu tun hat.

Als überzeugter Demokrat, der unsere freiheitlich, demokratische und rechtsstaatliche Gesellschaftsordnung glühend verteidigt, gehe ich dabei so weit, dass ich eine revolutionäre Verhältnisbestimmung zwischen Moral und Religion für unsere Gesellschaft fordere, weil sie dringend geboten ist!

Mir geht es darum, meine Leser zu kritischem Nachdenken über das Thema „wirkliche Trennung von Staat und Religion" anzuregen und dass sie dabei meine Sicht der Dinge auf Widerlegbarkeit prüfen.

Dass bei einer ehrlichen Überprüfung meiner Thesen, die naturwissenschaftlichen Erkenntnisse nicht durch Glauben ersetzt werden können, ist mir ein großer Trost.

Emotionaler und physischer Missbrauch

Die schlimmsten menschenverachtenden Zeitgenossen sind in allen Schichten der bürgerlichen Gesellschaften zu finden. Wenn Menschen sich Verbrechen schuldig machen, spielt es keine Rolle welcher Gesellschaftsschicht sie angehören. Es will mir einfach nicht gelingen zu akzeptieren, wie ein Großteil unserer Zeitgenossen noch immer Personen mit Rang und Namen unterwürfig entgegentreten, ohne zu bedenken, was hinter den Fassaden allen menschlichen Daseins verborgen sein kann.

Sicher ist es ungerecht und auch nicht ratsam, jede Führungsperson einem Generalverdacht auf Fehlverhalten zu Lasten schwächerer Mitglieder einer Bürgerschaft oder gar der Allgemeinheit zu unterziehen. Im Hinterkopf zu behalten, dass mein Gegenüber, neben all seiner Freundlichkeit, ein Mensch mit all seinen Fehlern ist, tut niemanden weh, solange man ihn nicht spüren lässt, dass man ihm generell misstraut. Man muss ihm allerdings auch nicht das Gefühl vermitteln, einen Heiligen vor sich zu haben.

Was mich zu einem weiteren Anliegen meines Buches bringt. Menschen, die sich als Vertreter moralischer Instanzen und als Erzieher jeweiliger Gesellschaftsteile begreifen oder sich auch nur entsprechend aufspielen, sind mit weit strengeren Maßstäben zu beurteilen als sogenannte „Otto Normalverbraucher"!

„Moralapostel" in politischen und juristischen Positionen, scheinheilige Erzieher und Geistliche insgesamt, gehören einem Menschenschlag an, der sich „von Hause aus" als moralisches Regulativ für die jeweilige bürgerliche Gesellschaft versteht. Das wird von „zivilisierten" Personengemeinschaften offensichtlich akzeptiert, was aber m. E. nur vordergründig notwendig ist. Die Mehrheit der Bevölkerung nimmt es weitgehend kritiklos hin, Wichtigtuer schalten und walten zu lassen.

Diese Akzeptanz der moralischen Gesellschaftsregulierung durch selbsternannte Moralwächter öffnet Missbräuchen Tür und Tor, auf allen Ebenen und in allen Bevölkerungsschichten.

Moralische Regelwerke sollten nur von kollektiven Kompetenzen (Institutionen), die speziell geschult wurden, erstellt und durchgeführt werden. Hier sind religiöse Einrichtungen per se nicht auszuschließen, aber religiöse Institutionen sind dafür an sich denkbar ungeeignet!

In Deutschland ist die Trennung zwischen Kirche und Staat als Lippenbekenntnis längst entlarvt. - Noch brisanter wird es wenn fremde, religiöse Vorstellungen ihren Einzug in eine bestehende Kulturgemeinschaft finden. Solchen Absichten muss mit hoher Wachsamkeit begegnet werden, auch und gerade weil sie oft perfide, aggressiv und manipulativ gesteuert werden. Integrationsprobleme, wie sie auch die Länderregierungen in der BRD begriffen haben, werden durch diese Tatsache jedenfalls nicht gemindert.

Die Trennung von Kirche und Staat in der BRD wird hinterhältig aus politisch sehr eigennützigen, pragmatischen Gründen, durch die sakralen- wie durch die profanen Herrschenden immer wieder untergraben. Es ist moralisch zutiefst verwerflich, wenn politisch Verantwortliche religiöse Rücksichtnahmen zur Durchsetzung ihres politischen Willens missbrauchen. Religion muss absolute Privatsache bleiben und hat, wie schon erwähnt, bei profan politischen Entscheidungen absolut keinerlei Einfluss zu nehmen.

„Symbiose" zwischen Kirche und Staatsmacht

Eine weitere wichtige Wiederholung: Auf den Führungsebenen aller politischen Parteien (profanen wie sakralen) wird die Religiosität der Bevölkerung schamlos ausgenutzt und sogar missbraucht. Indem „das Volk" in Ängste versetzt und darin gehalten wird, damit es besser manipuliert, gelenkt und geführt werden kann, wird sakrale Politik und profane Politik zur üblen Kumpanei.

Ein klassisches Beispiel für diese These hat der russische Präsident Putin in 2017 geliefert. Der russische Regierungschef hat die orthodoxen Christen demonstrativ unterstützt und ihnen politisch Anerkennung zugestanden. Was war dafür wohl die Motivation?

Religionen fahren die emotionale Glaubensschiene und gaukeln ihren Gläubigen nicht beweisbare Thesen vor, um sie in ihren Glauben zu binden. Alleine aus der Furcht heraus, dass sich Geistliche öffentlich eingestehen müssen eine Lehre des NICHTS zu betreiben, lässt sie immer tiefer in eine negative (falsche) Moral versinken und sich immer wieder aufs Neue extrem schuldig machen. Sie machen sich schuldig ihre Gläubigen zu belügen, sie zu betrügen, sie ungerechtfertigt in Ängste zu versetzen. Sie machen sich mitschuldig unsere Kinder auf schäbige Weise zu religiös unmündigen Gesellschaftsangehörigen zu konditionieren. Sie machen sich extrem der Volksverdummung, um nicht zusagen der Volksverhetzung schuldig.

Geistliche Vertreter ihrer Konfessionen sind nach Friedrich Nietzsche „Advokaten des Nichts, die eigentlich unterirdische Falschheit auf Erden". Dieser Erkenntnis kann ich nur zustimmen. Und, aus diesem Grunde empfinde ich es fast schon als Verbrechen, von dem wir uns alle nicht freisprechen können, nämlich unsere Kinder in eine Konfession zu vergewaltigen. Gerechter ist es Menschen erst nach ihrer persönlichen Reife (Mündigkeit) selbst entscheiden zu lassen, sich einer Religion anzuschließen.

Politiker schüren Zukunftsängste, indem sie z. B. mit wirtschaftlichem Niedergang, mit Unbezahlbarkeit der Sozialausgaben und der Renten für die kommenden Ruheständler drohen. Obwohl gerade letzteres nur ein Verteilungsproblem ist, und Politiker sich z. B. nicht trauen, die verschiedenen Berufsgruppen (Beamte, Freiberufler, Selbständige, MdBs etc.) an den Vorsorgekosten für das Altersruhegeld (Rente) zu beteiligen. Alle Erwerbstätigen sollten zum Beispiel in eine einzige Renten- und Sozialkasse einzahlen und schon wäre das Problem der Rentenfinanzierung für die Zukunft ziemlich schnell zu lösen. Das alles nicht zu ändern, ist moralisch zumindest bedenklich, wobei das gesamte kapitalistische System ohnehin als moralisch bedenklich einzustufen ist.

Leider ist wirklich davon auszugehen, dass das Individuum Mensch moralisch verwerfliche Überlegungen und moralisch verwerfliche Handlungen auch durch negative Erfahrungen, die es womöglich damit machte, nicht unterlässt. Trotzdem sehe ich nicht, dass der Mensch Moral wirklich erst lernen muss. Es würde nämlich bedeuten, dass der Mensch im Allgemeinen böse geboren wird. Das denke ich ist genauso wenig der Fall wie, dass er gutmütig (brav) geboren wird. Den Menschen werden beide Eigenschaften (GUTE und BÖSE) in die Wiege gelegt.

Um positiv moralisch zu handeln bedarf es mit Sicherheit nicht der Direktiven aus den Religionen. Strebt der Mensch nach moralisch „edlem" Verhalten ist ihm die christliche Religion, mit ihrem „Buch der Bücher", wahrlich kein kompetenter Ratgeber.

Was in diesem Buch (die Bibel) an verwerflicher Unmoral geschrieben steht, gehört in modernen demokratischen Gesellschaften eigentlich unter Strafe gestellt.

Wenn von Geistlichen oder auch weltlichen Persönlichkeiten (z. B. Alt- Bundeskanzler Helmut Schmidt)** behauptet wird, dass der Mensch ohne Glauben den HALT verliert, ist das leicht durchschaubarer manipulativer Schwachsinn.

Helmut Schmidt war nicht schwachsinnig, weshalb diese Aussage von ihm umso verwerflicher gewertet werden muss. Seine Aussage schlägt dem denkenden „Untertan" die einschüchternde manipulative Absicht geradezu ins Gesicht! Eine solche Aussage ist schon alleine dadurch widerlegt, dass es religiöse und religiös geistliche Menschen waren (und noch immer sind), die Nicht- oder Andersgläubige und Schutzbefohlene auf niederträchtigste Art und Weise bekämpfen, belügen betrügen, foltern, vergewaltigen und ermorden.

Dr. Michael Blume, Ludwig Feuerbach, Immanuel Kant, Friedrich Nietzsche, J. J. Rousseau, Manfred Schlapp, F.- M. A. Voltaire, Franz Wuketits und viele andere großen Denker hatten/haben alle keinen HALT? Mit anderen Worten: Alle Nichtreligiösen haben keinen inneren HALT? (<u>Wenn das kein Unsinn ist...?</u>)

Ich frage mich: welchen „HALT", der verloren gehen soll, meinen solch gesinnte Menschen, wenn nicht an eine Religion geglaubt wird?

Ist es der HALT, dass manche Geistliche ihre Schutzbefohlenen emotional, körperlich und sexuell missbrauchen und dass zu allem Überfluss „Kirche" den „Mantel des Schweigens" über Missetaten Ihrer Glaubens- Vertreter legen?

Klipp und klar: Wenn jemand religiösen Glauben- im herkömmlichen Sinne braucht, um persönlichen Halt zu haben (was immer das sein soll), muss man diesen Menschen nur BEDAUERN, er/sie ist dann keine mündige, sich selbst vorstehende (selbstverantwortliche) Persönlichkeit und benötigt Hilfe von Mitmenschen die ihren persönlichen Halt, auch ohne Religion, haben.

Es braucht keine Religion um zu wissen und zu fühlen, dass „ich" keinen Mitmenschen belügen, betrügen, bestehlen, verletzen, gar ermorden oder „unmenschlich" behandeln darf! Ob ein Mensch anderen Menschen hilfreich zur Seite steht, hat ebenfalls nichts mit seinem persönlichen „Halt" zu tun. Entweder eine Person fühlt Verantwortung für sich und seine Mitmenschen, oder sie fühlt es eben nicht. Kants Kategorischer Imperativ...

Wie extra niederträchtig und letztlich erbärmlich sind Menschen, die trotz ihres religiösen Glaubens (Halt) sich, der obengenannten und ähnlichen Vergehen schuldig machen. Sie sind in der großen Überzahl, gegenüber jenen Menschen, die sich nichts zu Schulden kommen lassen und dennoch mit Religion (keinen religiösen Halt benötigen) nichts am Hut haben; das liegt doch dann wohl auf der Hand, oder?

Oder, ist es vielleicht der HALT den Geistliche dazu veranlasst Kriegsgerät und zum Tode verurteilte

Soldaten zu segnen? (Schon bei dem Befehl zu Einsätzen in bevorstehende Kampfhandlungen, sind Soldaten bereits zum Tode verurteilt!)

Übrigens, nicht zu vergessen, es waren überwiegend Christen, die den Holocaust im zweiten Weltkrieg verübten! Hatten diese Christen alle ihren HALT verloren, weil sie nicht mehr an ihre Religion glaubten?

Diese Verbbrecher- Christen haben genauso aus menschlich niedrigen Beweggründen ihre Gräueltaten verübt, wie sie von einigen religiösen Zeitgenossen, mit oder ohne Talar, heute noch begangen werden. Grausamen Verbrechen haben mit religiösem Halt nichts, aber auch gar nichts, zu tun. Die Kausalität grausamer Verbrechen ist einzig und alleine in der menschlichen Natur (der Menschlichkeit) zu finden.

Moral braucht keine Religion / Religion braucht aber sehr wohl viel mehr positive Moral!

Wiederum und trotzdem, der Versuch, die Möglichkeit eine universelle Ethik, aus der Vielzahl vorhandener „Moralen", zu bilden wird nicht gelingen und ist nach meiner Überzeugung auch gar nicht nötig.

Religiöse Gebote als Regulative für positives menschliches Zusammenleben haben sich weitgehend als untauglich herausgestellt. Wobei nicht unterschlagen werden soll, dass viele religiöse Menschen sich durchaus an religiöse Gebote, zum Beispiel an die zehn Gebote, die in der Bibel manifestiert sind, mehr oder weniger (fest)halten.

Jedoch, die Überbewertung des religiösen Glaubens, die nicht nur durch religiöse Fundamentalisten in die Hirne der „frommen" Gläubigen gebrannt wird und somit Einfluss auf das individuelle und gesellschaftlich menschliche Zusammenleben nimmt, generiert erst die meisten gesellschaftlichen Probleme, die wir ohne diese Überbewertung des religiösen Glaubens gar nicht hätten.

Glaubensbeleidigung ist nicht möglich

Was mich zu einer der schlimmsten und schäbigsten, aber gelebten kolossalen Unsinnigkeit bringt: Man hört immer wieder, dass sich Gläubige in ihrem Glauben zum Beispiel selbst durch Karikaturen, Comedy- Schriften, ernsthaftes Schriftgut, Videos oder Spielfilme beleidigt fühlen. Das ist leicht zu durchschauender, bösartiger Unsinn.

Dass jemand in seinem religiösen Glauben beleidigt werden kann ist einfach <u>nicht möglich!</u> Die Unkontrollierbarkeit der Gedanken schließt jeden Beleidigungsversuch aus, sonst könnte jede Person, zu jedem Thema und zu jeder Zeit behaupten beleidigt worden zu sein; das ist absurd! <u>Beim Studieren der religiösen Dogmen, der „Heiligen Schriften, kann ich mich vielleicht in meiner Intelligenz beleidigt fühlen; das ist aber auch schon alles!</u> Glaube ist eine Geistesleistung, eine gedankliche Arbeit. Wie kann mich jemand in meinen Gedanken beleidigen?? Wenn es eine Freiheit gibt, dann ist es die Freiheit der individuellen persönlichen Gedankenwelt. In seinem Glauben kann niemand beleidigt werden.

Einzige Ausnahme: <u>Er/Sie will unbedingt beleidigt sein!</u>

Wenn jemand daran glaubt und behauptet, dass die Erde eine Scheibe ist und man ihm sagt, dass man nicht an seinen Unsinn glaubt, kann jene Person alles sein, nur nicht beleidigt; das ist völliger Nonsens! Selbst wenn man sie/ihn ihres Glaubens wegen deshalb als einen armen, simplen Menschen bezeichnen würde kann er/sie kaum eine Beleidigungsklage anstreben.

Wenn eine Person glaubt und behauptet, dass seine/ihre Mutter nie Sex hatte, kann man ihn/sie als armen Menschen nur bemitleiden und wenn dieser arme Mensch beim Richtigstellungsversuch beleidigt ist, ist das sein ganz persönliches privates Problem.

Protagonisten die den Standpunkt vertreten sich durch Schriften, Reden, Gemälde, Lieder und Filme beleidigt fühlen zu müssen, <u>wollen mit ihrer Reaktion des BELEIDIGT SEINS jede Kritik an ihrem unmöglichen und intoleranten Verhalten im Keime ersticken!</u> Sie setzen ihr Bekenntnis zu ihrem religiösen Glauben als Totschlagargument ein und können damit rechnen, dass es meist auch funktioniert. Selbst intelligente Menschen, die es besser wissen müssen, lassen sich mangels Mut zu widersprechen, auf diese Weise mundtot machen.

Vielmehr ist es so, dass Anhänger dieser Sichtweise, unter dem Deckmantel des Glaubens, denken sich alles herausnehmen zu können, was in ihre Vorstellung passt, bis hin Morde zu verüben!

Und hier verraten sich die sogenannten „Gotteskrieger" selbst. <u>Diese Fundamentalisten benutzen religiösen Glauben um jede ihrer Schweinereien legimitieren zu können.</u> Zwecks Manipulation zur Durchsetzung ihrer oft weltfremden Vorstellungen, lassen sich Fundamentalisten in der Regel sogar ganz gern beleidigen.

Welch ein ausgemachter Schwachsinn es ist, Nicht- und Andersgläubige als Ungläubige töten zu dürfen, verrät nur die wirkliche Passion dieser professionellen „Unmenschen". Dieser Abschaum (ich kann kein anderes Wort für solche Menschen finden) will töten.

Exkurs: Zu diesen „Unmenschen" zähle ich insbesondere auch Nazis, Neo- Nazis und andere Extremnationalisten. Diese Menschen wollen ebenfalls töten und sonst nichts. Gründe werden diese potentiellen Mörder immer finden. Nazis und andere Extremisten haben, wie wir wissen, keine Schwierigkeiten Opfer zu finden.

Das Bemerkenswerte dabei ist, dass auch in unserer Gesellschaft deren lautstarke Bekenntnisse zu ihrem Glauben als Totschlag- Argument zu wenig konkurriert wird. Es herrscht eine seltsame Sprachlosigkeit wenn jemand sagt: Ich bin ein religiöser... (was auch immer), anstatt diesen bösartigen Scheinheiligen klar und deutlich ihre tatsächlichen, nachgewiesenen Absichten entgegen zu schleudern.

Schlimmen moralischen Verbrechen machen sich politische Führer auch in der westlichen Welt schuldig, indem sie Religiösen, Nationalisten u. a. Extremisten nicht präventiv und radikal entschieden entgegentreten.

Moral: Anspruch und Wirklichkeit

Wir können dem hohen Anspruch den wir dem Begriff Moral gegeben haben offensichtlich nicht gerecht werden, was daran liegt, dass wir uns oft Ziele setzen, die wir von Vornherein nicht erreichen werden und auch nicht erreichen können.

Wenn es sich nicht um so tiefgreifende Probleme wie dem menschlichen Zusammenleben handeln würde könnte man argumentieren, nach den ökonomischen Prinzipien handelnd zu wollen und sagen: „Wir setzen die Zielerreichung so hoch an, dass wir wenigstens ein Maximum des Minimums erreichen." Wenn es nicht so Ernst wäre könnte man drüber lachen.

Denkpsychologie / Erziehungswissenschaft

Immanuel Kants kategorischer Imperativ als Wunschvorstellung im Bezug zur positiven Menschlichkeit, muss wohl immer erst angemahnt werden. *„Nach Lwarence Kohlberg (1927 – 1987) richten sich weniger als 5 % der Erwachsenen nach universalen ethischen Prinzipien."* Obwohl es wie ein latent vorhandenes inneres Gesetz (Gewissen) ist, dass Menschen mittels ihrer Vernunft zu moralisch einwandfreien Entscheidungen führen könnten, bleibt es ein schrittweises Hinführen zur Entfaltung des individuellen positiven Moralbewusstseins.

Dieses schrittweise Hinführen zum Moralbewußtsein besteht lt. Kohlberg *aus*
„einer Erweiterung des Blickes auf soziale Zusammenhänge,

einer fortschreitenden Selbstständigkeit des moralischen Standpunktes und

einer zunehmenden Fähigkeit, moralische Begründungen auf Vernuftargumenten aufzubauen".

Hierzu meine erklärenden Fragestellungen:

(a.1) Warum reagieren manche Personen auf identische Sachverhalte oft völlig anders als andere Personen und warum du anders als ich?

(b.1) Warum setzen viele Menschen persönliche Erfolgserlebnisse und selbst gesteckte Zielvorgaben (Machtstreben), vor gerechtes Handeln?"

(c.1) Warum schaffen wir es mit Vernuftargumenten Wissenschaften und Organisationen zu gründen, die dafür sorgen sollen, dass z. B. Massenvernichtungswaffen nicht zum Einsatz kommen? Schließlich haben wir mit „Vernuftargumenten" dafür gesorgt, dass diese Waffen wissenschaftlich entwickelt wurden!

Bei den obenstehenden Fragestellungen *(a.1, b.1 und c.1)* zur Stufentheorie der Moralentwicklung des Psychologen und Professor der Erziehungswissenschaft Lawrence Kohlberg *(a, b, und c)* ging ich bewusst von Fragestellungen durch erwachsene, mündige Bürger aus. Stufen der menschlichen Altersentwicklung **(I Präkonventionelles Stadium, II Konventionelles Stadium und** zum Teil auch **III Postkonventionelles Stadium)** sind bewusst vernachlässigt.

Die Stufen **1** *Orientierung an Bestrafung und Belohnung,* **2** Die *instrumentell-relativistische Orientierung* und **3** *Orientierung an personengebundener Zustimmung,* sind für die Beweisbarkeit meiner These: **„Moral braucht keine Religion, Religion braucht Moral"** von eher untergeordneter Bedeutung.

Wenn Sie sich für das Lesen meines Buches, mit diesem Titel, entschieden haben, sind Sie in der Lage andere Interessen und Lebenswelten als die Ihren zu erkennen und sie gedanklich im Sinne eines Interessenausgleichs zu bearbeiten.

Idiotismus?

Wenn nach Kohlbergs Stufe **4:** *„Orientierung an Recht und Ordnung".* Autorität, festgelegte Regeln und die Aufrechterhaltung der sozialen Ordnung den Orientierungsrahmen bilden", <u>dann nur, wenn sich Autorität und Aufrechterhaltung der festgelegten Regeln innerhalb des positiven Moralbegriffs bewegen.</u>

Alleine, *„richtiges Verhalten" heißt nicht automatisch, seine Pflicht tun, Autorität respektieren und für die gegebene Ordnung um ihrer selbst willen eintreten!"*

Gerade uns Deutschen hat die jüngere Historie gelehrt, dass praktiziertes Vernachlässigen des positiven Moralbegriffs in Kadavergehorsam und somit in den Idiotismus führen kann, denn (Faschismus, Kommunismus, Extremsozialismus, Extremliberalismus, und Militarismus ist Idiotismus)! In gewisser Weise grenzt jeder Extremismus an Idiotismus, selbst wenn Extremismus noch so edle Ziele Verfolgt.

Unsere Demokratie hält so ziemlich jeden „...ismus" aus, wenn wir Demokraten sehr wachsam bleiben und es verstehen unsere utilitaristischen Ziele (Nützlichkeitsprinzip) für die Allgemeinheit nicht aus den Augen zu verlieren.
„Die legalistische oder Sozialvertragsorientierung ist im Allgemeinen mit utilitaristischen Zügen verbunden" (Stufe 5)
Ab dieser Stufe erkennen wir Menschen, dass die eigenen Sichtweisen identischer Sachverhalte oft von den Anschauungen unserer Mitmenschen abweichen. Gleichzeitig können wir ermessen, dass andere Ansichten auch richtig sein können. Der Relativität unserer persönlichen Werte- Ausrichtung und unserer Meinung sind wir uns durchaus bewusst, weshalb wir entsprechend große Übereinkunft auf Verfahrensregeln zur Konsensfindung anstreben.

Weil Recht im Allgemeinen aber eine Frage persönlicher Wertsetzung und Meinung ist, bleiben so gewonnene Ergebnisse nur eine Betonung des legalistischen Standpunktes. Es liegt auf der Hand, dass wir uns sehr schnell für Fehlentwicklungen mitschuldig machen können, wenn wir die Betonung überzogener legalistischer, aber unmoralischer Standpunkte nicht konkurrieren! Positive Veränderungen auf Grund rationaler Reflexion, für einen realen sozialen Nutzen ("Sozialvertragsorientierung") sind nie ausgeschlossen.

Der Schwachpunkt in Kohlbergs These ist: Leider hat er nur die eigenen westlichen Werte zum Maßstab genommen und kann deshalb keine allgemeingültige globale Akzeptanz für seine Thesen, bei anderen, nicht westlich orientierten, differenten Kulturkreisen beanspruchen.

Moralisches Verhalten

Es ist eine Sache ob moralisches Verhalten, im positiven Sinne, von sogenannten "Gutmenschen" gefordert wird, andererseits von diesen "Saubermännern" negativ aus opportunen und/oder egoistischen Motiven ignoriert, bekämpft oder manipulativ gepredigt wird. Mit der Erkenntnis Lawrence Kohlbergs, dass die meisten Menschen in den Stufen zwei und drei verharren, ergibt sich ein schlüssiges Bild für seine folgende Behauptung:

„Menschen die sich überwiegend in diesem Stadium befinden, nehmen bewusst gar nicht wahr, dass sie die Regeln der Gesellschaft leben, ohne sich jemals ein eigenes Urteil gebildet zu haben. Die Zustimmung der Umwelt stellt Dreh- und Angelpunkt der persönlichen Verhaltensweisen dar. Ein bewusstes Hinterfragen von Sinn und Zweck wird nicht angestrebt". (Kohlberg)

<u>Genau hier ist meine Schmerzgrenze erreicht!</u> Ich weiß, dass die überwiegende Mehrheit meiner Zeitgenossen, die geistige Reife hat, sich in Kohlbergs Stadium fünf zu bewegen. Allerdings bin ich entgegen Kohlbergs Meinung davon überzeugt, dass ein Verweilen in einer vorherigen Stufe – was Kohlberg fast ausschließt - aus Bequemlichkeitsgründen freiwillig gewählt wird und viel öfter vorkommt als es Psychologen wahr haben wollen. Wie sonst sei zu erklären, dass Menschen mit der geistigen Potenz, negative Sachverhalte für die Gemeinschaft zu erkennen und doch, aus welchen Gründen auch immer, nichts dagegen unternehmen. *(Egomanen! I am first!)*

Ich gehe davon aus, dass solch veranlagte Personen NACH wie VOR in Kohlbergs Stufe fünf Einordnung finden können. Wenn ihr Verhalten sich allerdings an vorherigen Stufen bemessen lässt bekleckern sie sich sogleich nicht mit Ruhm. Jedoch, es bezeugt die Fähigkeit von uns Menschen, eine Sache und ihr Gegenteil mit der gleichen Überzeugung zu vertreten, ohne wirklich in einen Zustand der Kognitiven Dissonanz*** zu geraten.

Menschen, die sich so verhalten, sagt man oder fehlendes Rückgrat nach. Sollte für diese Spezies dabei allerdings Positives herauskommen, kann es passieren, dass sie in ihrer gesellschaftlichen Beziehung zu Mitmenschen ihrer näheren Umgebung sogar an Ansehen gewinnen!

Exkursion: Ein Beispiel sei mir zwecks Erläuterung gestattet: Viele Eltern, Familienoberhäupter halten nichts mehr von religiösem Glauben, schicken ihre Kinder aber in den Religionsunterricht und gehen womöglich noch mit ihnen in die „Heilige Messe" oder zur heiligen Kommunion.

Trotzdem, für die Einschätzung eines Sachverhaltes ist unser Standpunkt absolut wichtig. Auf der Grundlage unserer flexiblen Beurteilungen kann nur die eigene Ansicht zu einer Tatsache verändert werden. Unter Umständen wird der eigene Wissensbestand nur erweitert, ohne dass die Einstellung zum Positiven verändert wird! Wenn diese Erweiterung ohne positive Konsequenz für unsere Entscheidung bleibt, ist jeder dazugewonnene Wissensbestand aber nutz- und sinnlos. Mit anderen Worten wir stehen zu wenig für positive Veränderung in unserer Gesellschaft ein.

Glaube als Muss

Wir Menschen schaffen es hervorragend zu verdrängen, dass wir wissen, ein Nichts im Weltengefüge zu sein. Leider schaffen wir es nicht unsere Ur-Existenzangst zu überwinden. Unser Wissen und Fühlen, dass wir sehr schwach und verletzlich sind, lässt viele von uns noch immer in die „Obhut" eines allmächtigen „Vaters" flüchten.

Schamanen, Medizinmänner, Religionsstifter und Religionsverbreiter hatten es, ob dieser Tatsache, leicht sich als Gurus aufzuspielen und der Masse einzureden, im Auftrag einer höheren Macht, den Menschen Seelenheil, Wohlstand und Sicherheit zu bringen. Welch anderes Instrument als der religiöse Glaube eignet sich besser, Menschen als unmündige Wesen zu manipulieren, und ihnen den Glauben an einen omnipotenten Herrn und seinen Gegenspieler - als Mächte die keines Beweises bedürfen - einzuimpfen und fest in deren Hirne zu verankern?

Es ist eine Schande, dass sich der Großteil der Menschen noch immer nicht des eigenen Verstandes bedient und ihre „Heiligen Schriften" kritischer Prüfung unterzieht. Es bedarf nun wirklich keiner Hochintelligenz, die schändlichen, manipulativen religiösen Dogmen zu erkennen und folglich als Verbrechen an der gesamten Menschheit zu erkennen.

Dabei ist durchaus verständlich, wenn sich Menschen bei existenzieller Unsicherheit, bei drohender Gefahr, bei überfordernder Verantwortung, bei Angstgefühlen gern in den Schutzbereich eines starken Helfers begeben möchten. Die Triebfeder hierfür ist in fast allen Fällen die Angst. Wo es Menschen nicht gut geht steht der religiöse Glaube in voller Blüte. Diesen ersehnten Helfer allerdings in einer rein gedanklichen „Figur" zu suchen, der fernab jeder Realität ist, macht mich wütend und fast sprachlos.

Selbst wissenschaftliche Betrachtungen über religiöses Verhalten lässt Koryphäen wie Franz Wuketits (05.01.1955 - 06.06.2018) berichten: *"dass religiöses Verhalten- in welchen konkreten Formen auch immer es sich ausgeprägt hat — tiefsitzende Wurzeln in der Natur des Menschen aufweist und in Begriffen des (biologischen) Überlebens und der evolutionären Anpassung erklärbar ist."*

Religiöses Verhalten hat m. E. nichts (jedenfalls nicht direkt) mit den Wurzeln in der Natur des Menschen zu tun. Gleich welche konkrete Ausprägung religiösen Verhaltens offenbart wird, die Causa religiösen Verhaltens ist der Indoktrination suspekter „Religionsvertreter" zu verdanken, die aus Eigennutz ihre Mitmenschen bis zum heutigen Tag manipulativ beeinflussen, die also eine extrinsische**** Einwirkung auf die Massen der Bevölkerungen vornahmen bzw. vornehmen.

Eine weitere politisch extrinsische Wirkung, in die Masse der Bevölkerungen führt dazu, dass der Wille einen Wohlfahrtsstaat auszubauen, weder bei sakralen noch bei profanen Protagonisten sehr ausgeprägt ist.

Begründung: Wie zuvor schon bemerkt ist es in allen menschlichen Gemeinwesen, auf dem ganzen Planeten Erde eine Tatsache, dass dort wo die Not und die Unsicherheit sehr groß sind, die Religionen den höchsten Stellenwert in den Bevölkerungen haben.

Es mögen viele Menschen in Deutschland sich die Augen gerieben haben als sie erfuhren, dass viele Amerikaner den Gesundheitsreformen des US-

Präsidenten Barack Obama ablehnend begegnet sind. Warum so viele Bürger der USA ein gestörtes Verhältnis zu Sozialgesetzen haben und wie perfide die Zusammenhänge zwischen Religion und Staatsmacht (IN GOD WE TRUST) in den USA ausgenutzt werden, werde ich versuchen zu erklären:

Der Freiheitswille der US- Bürger ist nach den Erfahrungen, die u. a. die Staatsgründer mit den feudalen Herrschaftsformen der alten Welt machten, sehr stark ausgeprägt und bis zum heutigen Tag ungebrochen. Soziales Engagement wurde den US- Bürgern meist als staatliche Einmischung in das private Leben oder gar der Versuch des sozialistischen Infiltrierens als „Teufelsgespenst" in deren Köpfe manipuliert. Das gipfelte nach der Machtübernahme der Bolschewiki in Russland 1917 in die First Red Sacre Periode unter Präsident Woodrow Wilson (Creel Kommision) 1917- 1920 und im Kalten Krieg in antikommunistische Verschwörungstheorien (1947 – 1956), die Joseph McCarthy- Ära, auch Second Red Scare genannt.

Die US- amerikanischen religiös, konservativen Kräfte in den Staatsämtern (hauptsächlich die republikanischen) haben begriffen, dass ein sicheres umfangreiches Sozialnetz dem religiösen Glauben und somit der problemlosen Bevormundung/Steuerbarbarkeit der Bevölkerung extrem abträglich ist. Ob dem einfachen US- Bürger bewusst ist, dass eine allgemeine Steigerung der existentiellen Sicherheit zu Säkularisierungsschüben führen wird, ist zu bezweifeln. Die hauptverantwortlichen aus Religion und Politik wissen das aber absolut.

Meine Leserinnen und Leser bitte ich meine Erklärungen kritisch aber Wertneutral zu hinterfragen: Wo überwiegend Wohlstand und höhere Bildung zu verzeichnen ist, setzt sukzessive eine Säkularisierung bei den sogenannten „Wohlstandsbürgern" ein und das kann natürlich nicht im Interesse der Kirchen (der Religion) und den politischen Establishments sein.

Scheinheilig wird es, wenn Fromme ihre Bedenken über Bord werfen oder vielleicht gar keine Bedenken haben, die Aufrüstung von Militär, Polizei und Geheimdienste unterstützen. Hier wird die Bigotterie des religiösen Glaubens deutlich und konsequent ignoriert.

Ein weiterer Fakt in den USA: Religiose fundamentale Gemeinschaften (z. B. Amische / Old Order Amish People) verweigern sich der Einbeziehung in staatliche Sozialsysteme: Sie bestehen darauf, dass sich ihre Glaubensbrüder und -schwestern in Notlagen nicht an eine staatliche Institution, sondern an ihre Religionsgemeinde wenden sollen.

Was ist nun aber der reale Unterschied der differenten Hilfsleistung? Die Glaubensgemeinschaft umgeht eine „Abhängigkeit" vom Staat. Die Hilfsleistung aus der Glaubensgemeinschaft bleibt in einem mehr oder weniger überschaubaren engen Kreis und bindet das einzelne Mitglied an seine (begrenzte) Gemeinschaft. Diese Gemeinschaft kann für den Einzelnen durchaus einen gewissen Halt bedeuten. Jedoch, jede Vergemeinschaftung birgt die Gefahr der Bevormundung. Und Bevormundung ist - zwecks Eigennutz - die Hauptmotivation aller sogernannter „Heilsbringer" und Ideologen!

Extrem krasse Beispiele für diese These bieten u. a. die christlichen und islamischen Religionen mit ihren Glaubens- Forderungen. Ein Beispiel: Das Glaubensbekenntnis und die Dogmen der Katholischen Kirche – die im KKK manifestiert sind – lassen keinen Zweifel über die Dreistigkeit, Gläubige in Unmündigkeit zu bringen, um sie dann – durch Bevormundung – in dieser Unmündigkeit zu belassen. Alleine die vielen Dogmen in denen geglaubt werden muss (Du musst GLAUBEN) ist an Unverschämtheit nicht zu überbieten und zeigt deutlich, die unrühmliche Absicht Menschen in eine emotionale Richtung (die oft in einem emotionalen Chaos endet) zu zwängen. Selbst vor Gehirnwäsche schrecken dabei professionelle „Unmenschen" nicht zurück.

Die Bevormundung - durch Glaubensforderungen artikuliert - führt dazu, dass die religiösen Erwartungen des sozialen Umfeldes der Gläubigen und u. U. auch der Nichtgläubigen, erfüllt werden. In Dorfgemeinschaften z. B. erweisen sich Religiöse deutlich intoleranter, als sie es sich in mittleren bis großen Städten erlauben können. In dörflichen Gemeinden wird das Bekenntnis zum Glauben sehr schnell als Zwang empfunden werden können: Hier wird darauf geachtet, wer in die Kirche geht. Hier hängt davon ab, ob man dazugehören darf. Hier kann der Nichtgläubige sogar direkte Nachteile durch die Nichtteilnahme am Kirchengang erfahren.

Die großen konstruktiven Potentiale von Religionen werden auch von mir nicht geleugnet. Diese konstruktiven Potentiale in Zusammenhang mit Religionen sind allerdings eher überflüssig. Einem menschlichen Individuum Anstand, inneren Halt, Gemeinsinn, Nächstenliebe, Ordnungssinn, Orientierung, und Verantwortungsbewusstsein anzuerziehen, braucht es absolut keine Religion.

Weil mein Religionsglaube als nicht vorhanden bezeichnet werden kann und ich jede Religion sowie den religiösen Glauben bekämpfe, bin ich mit Sicherheit ein größerer Menschenfreund als jene, die sich als fromme Gläubige bezeichnen. Zumindest bin ich ein größerer Menschenfreund als fromme Menschen, die sich in ihrer Glaubensgewissheit dazu hergeben Kinder seelisch, emotional und körperlich zu missbrauchen, „heilige Kriege" zu führen (überhaupt Kriege zu führen), zu brandschatzen, Menschen (Erwachsene und Kinder) als Selbstmordattentäter in den Tod zu schicken.

Die Auffassung Fromme stiften in ihrem gemeinsamen Glauben an Gott Gutes und Heilsames ist schlicht bis falsch:

Einen gemeinsamen einheitlichen Glauben verweise ich in den Bereich der Spekulation, an die sich Gläubige allerdings gern klammern.

Glaube ist ein mehr oder weniger indoktriniertes individuelles, geistiges Konstrukt. Eine gedankliche Arbeit jedes einzelnen Gläubigen.

Die Gedanken des Menschen sind frei, sie sind vom Faktum bis zum Fatum als einzige wirklich frei! Soll heißen: Welche Absicht hinter einem einzelnen „Bekenntnis" verborgen ist, bleibt im Wesentlichen in den Köpfen der Bekenner und geheim. Gerade wenn Glaubensbekenner Nachteile (durch die Gemeinde etc.) für sich befürchten müsse, kann ein entsprechendes Bekenntnis schnell mal zur Lüge werden.

Wie zuvor schon erwähnt lehne ich es ab, Religiosität als Teil unserer Evolutions- und Naturgeschichte zu akzeptieren. Ebenso lehne ich es ab, die guten Seiten und die bösen Seiten der Religionen gegeneinander aufwiegen zu wollen. Gerade wenn der Glaube an Gott Menschen enthemmt, mit Hass erfüllt und sie zu bösen Werkzeugen, zu professionellen Bestien macht, ist ein Entschuldigen oder gar Akzeptieren nicht mehr angesagt. In diesem Punkte müssen sich alle Religionen den Vorwurf der Mittäterschaft an jeder einzelnen religiös motivierten Gräueltat gefallen lassen.

Wenn junge Leute ihre von Eltern und Gesellschaft abgegrenzte eindeutige Identität suchen und sich dabei zu von Fundamentalisten beeindrucken lassen, muss ihnen klar sein, dass sie ihre persönliche

Freiheit meist für das Diktat geistig unterbelichteter „Heilsbringer" opfern. Genau hier stellen sich meine unnachgiebige Verständnislosigkeit und meine Kritik ein. Anstatt vorgegebenen Dogmen kritiklos nachzueifern und sie nachzuplappern, sollte ihnen klar gemacht werden ihren Kopf einzuschalten, ihre Vorhaben selbstkritisch hinterfragen und sich über die wahren Absichten dieser (Ver)Führer intensiv informieren.

Auch wenn der Umgang mit „Zweifeln und Unsicherheiten" nicht zu den Stärken von Menschen gehört, ist es ratsam so früh wie möglich, so ziemlich alles kritisch zu hiterfragen. Ein Kernproblem in diesem Zusammenhang ist: Die Tatsache, dass Religionen sehr wohl als Brandbeschleuniger missbraucht werden, wird wissentlich in Kauf genommen. Und zwar gleichermaßen in Kauf genommen von sakralen und profanen Protagonisten. Auch wenn viele Menschen davon ausgehen, dass Religionen nicht per se Quellen von gruppenbezogener Menschenverachtung sind, ist der Grundansatz hinterhältiger religiöser Menschenverachtung in jeder Religion nachzuweisen. Aufgrund ihrer großen emotionalen und internationalen Vernetzungen, ist es Religionen möglich menschenverachtende Aktionen sehr leicht in Gang zu setzen.

Ich gehe davon aus, dass Religion zweckdienlich auf Missbrauch der Gläubigen ausgerichtet ist, von Anbeginn an. Friedrich Nietzsche (Antichrist) hat die Wissenschaft des NICHTS als unterirdischste Falschheit bezeichnet, dieser Feststellung kann ich mich ohne Vorbehalt anschließen.

Ein weiteres Kernproblem besteht darin, dass immer wieder versucht wird (meist erfolgreich) Glaubensinhalte gegen kritisches Hinterfragen zu immunisieren. Glaubensinhalten wird der ausschließliche Wahrheitsgehalt zugewiesen, anstatt zuzulassen, dass der Glaube auch rationaler Überprüfung standhalten sollte. Da aber Glaubensforderungen perfide in den Bereich der Beweisfreiheit erhoben wurden und immer noch werden, werden Menschen mit gesundem Menschenverstand, Religion immer als manipulativ hinterhältige und letztlich menschenverachtende „Gesetzesmanifestation" bezeichnen können und dürfen.

So gesehen macht z. B. auch eine moderne historisch kritische Bibelforschung keinen Sinn. *Außer wenn Forscher ihren Lebensunterhalt damit verdienen.*

Solange es nicht gelingt nicht beweisbare Glaubensfundamente der Religionen, in den Bereich der absurden Spekulation zu verbannen, so lange werden konservative Kräfte der Religionen, den wissenschaftlich beweisbaren Fakten der Evolutionsgeschichte ihre Mauer aus falscher Kompetenz, Arroganz, Ignoranz, Eigensucht, Größenwahn, Lügen und Menschenverachtung entgegensetzen müssen; Weil es um ihr berufliches Überleben, um ihre Existenz als Institution geht!!

Die Absurdität des Lebens- auf allen Ebenen

Liebe Leserin, lieber Leser, zu Ende meiner Ausführungen möchte ich einmal, ganz allgemein, auf die Absurdität/en unseres Lebens eingehen. Zum Glück habe ich mich erst im hohen Alter ernsthaft mit Gedanken über den realen psychologisch inneren Zustand unseres gesellschaftlichen Lebens beschäftigt. Was dabei herauskam, ist meine Erkenntnis, dass unser gesamtes Leben als absurd bezeichnet werden kann.

Wir Menschen haben uns zu Gruppen (Gemeinschaften) zusammengeschlossen, die dazu dienen sollen, uns für Konflikte mit den Unwägbarkeiten des natürlichen Seins (dem Leben) stark zu machen, was vordergründig durchaus auch gelungen ist. Allerdings haben wir uns im Laufe des gesellschaftlichen Zivilisierens Verhaltensweisen und Regeln verschrieben, denen es an Absurditäten wahrlich nicht mangelt. Viele Absurditäten sind in Lebensbereichen zu finden, die ihrer Banalität wegen vernachlässigt werden können. Aber, gerade wenn auf einer Ebene oder in eine Richtung, wiederkehrende Banalitäten „wertneutral" als harmlos empfunden werden, können aus diesen Banalitäten Bösartigkeiten erwachsen (Hannah Arendt: Banalität des Bösen).

Dass dieses Böse dann nicht mehr banal ist, zeigt uns die Geschichte immer wieder und das sehr oft und sehr schmerzlich. Nur, wir Menschen lernen, auch in diesem Punkte offensichtlich nicht wirklich etwas dazu.

Das Fatale dabei ist: Menschen mit Regierungsverantwortung achten in Erledigung ihres Tagesgeschäfts oft zu wenig auf Absurditäten, - die ihnen durchaus als banal erscheinen mögen. Aber genau hier liegt allerdings eine unterschätzte Gefahr für demokratische Gesellschaften. Eine persönliche Erfahrung hat mich gelehrt, dass Regierungsvertreter keine Bedenken oder gar Hemmungen haben, eine individuelle Vita nachhaltig in eine Richtung zu manipulieren, die psychologisch nicht als positiv für das Individuum bezeichnet werden kann. Selbst wenn das Gemeininteresse eines Staates vor das Eigeninteresse eines Bürgers gestellt seine Berechtigung hat, machen sich Regierungen nicht selten - auch in demokratischen Nationen - extrem schuldig an ihren Staatsbürgern. Soll heißen: Es sind <u>Personen</u> in Regierungen, die sich dazu berufen fühlen, Teile des Volkes durch ihre vom Staat verliehenen Kompetenzen dreist und gewissenlos zu missbrauchen.

Gesellschaftlich unbeachtete Absurditäten

Keineswegs sicher bin ich mir, wo es geendet haben könnte, hätte ich mich in jungen Jahren intensiv mit dem Thema: gesellschaftlich unbeachtete Absurdität/en des Lebens nutzen, beschäftigen können. Ich will mir absolut nicht vorstellen, welche Rolle ich in der Gesellschaft eingenommen hätte, wäre mir in meinem 19. Lebensjahr klar gewesen, aus realen Absurditäten heraus, psychologisch Chancen für mich nutzen hätte können.

Was schon vordergründig nicht als harmlos zu entscheiden ist, weil es sich um eine schicksalhafte Weichenstellung dreht und sich in der späteren Wirkung als schwerwiegend herausstellt, kann zeitnahe -

unter Berücksichtigung einer surrealen Empfindung - ohne eine dauerhaft kritische Reaktion des Individuums, im Verhältnis zu seiner bürgerlichen Gesellschaft und zu „Obrigkeiten" insgesamt, kaum mehr korrigiert werden.

Gerade als überzeugter Demokrat bleibt mir jede demokratische Bewegung/Institution (Partei) immer auch suspekt. Die persönliche Ohnmacht, bei entsprechenden Gemengelagen, nicht gegen die eigene Mentalität (Überzeugung) entscheiden zu können, zwingt Menschen mit einer ähnlich kausalen Konditionierung und Erfahrung in vielen Situationen, sich konträr zum Mainstream, der Gesellschaft positionieren zu müssen, um sich dabei manchmal sogar gegen sich selbst einzunehmen! *Leicht machen es sich „Kopflastige" wahrlich nicht!*

Auch wenn die vorgenannte These nur ein einziger Mensch auf dieser Welt - in Bezug auf meine Person - verstehen kann, weiß ich doch, dass sich viele Zeitgenossen in ähnlichen Situationen Manipulationen ausgesetzt sehen, die sie jedoch — aus verschiedenen Gründen - nicht reflektieren können. Diese Manipulationen - auch wenn sie im Reich der banalen Absurditäten beheimatet sein sollten - beeinflussen unsere Psyche in einer Weise, wie wir es erst bei näherer Analyse (intensivem bis depressivem Nachden-ken) herausfinden können. Das Paradoxe dabei ist: Wir stellen meistens erst im Nachhinein fest, dass wir uns - hie und da - als nützliche Idioten missbrauchen ließen, und uns leider immer wieder missbrauchen lassen.

Liebe Leserin, lieber Leser, im täglichen Allerlei nehmen wir uns nicht genügend Zeit über oft tiefgrei-fende Wirkungen vieler zur Gewohnheit gewordenen manipulativen, täuschenden, und selbsttäuschenden Absurditäten nachzudenken. Diese Manipulationen, Täuschungen und Selbsttäuschungen mögen absurd sein, banal sind sie nicht!

Konkrete Beispiele absurder Realitäten

Wie absurd ist es, wenn wir einerseits eine Überproduktion an Lebensmitteln haben (viele Le-bensmittel als Müll vernichtet werden) und anderer-seits täglich Menschen verhungern müssen.

Eine Steigerung, dieser Absurdität ist in diesem Punkte ausgerechnet durch die Institutionen Christli-che Religionen - die sich wertneutrale Nächstenliebe auf „die Fahne" geschrieben haben - zu verzeichnen. Dass Vertreter dieser frommen Einrichtungen den

Hungertot vieler Menschen nur halbherzig kritisierend in Kauf nehmen, sich selbst aber in der obersten Etage des Wohlstandes bewegen, ist ein Skandal.

Wenn man weiter grübelt und weiß, dass die Mitgliedsgebühren zu christlichen Konfessionen (Kirchensteuer) völlig unverständlich direkt vom Lohn/Gehalt der Erwerbstätigen Gläubigen durch den Fiskus an die Kirchen abgeführt werden und der Kirche darüber hinaus ermöglicht wird, Schwarzgeld zu generieren, darf man schon am Verstand der verantwortlichen Protagonisten zweifeln.

Was es mit religiösem Glauben (der Frömmigkeit) zu tun haben soll, wenn Kirchen gewissenlos suspekte Finanzgeschäfte zur Steigerung ihres Vermögens tätigen, erschließt sich nur den bigotten Frommen und ist unerträglich. Aber, Religionsgemeinschaften haben ja viele Gläubige, die Religion als gute Einrichtung empfinden(!) Und wir alle lassen es zu, das ist absurd!

Zweifellos wird durch diese frommen Bewegungen auch Gutes getan. Nur, Schlechtes und Gutes gegeneinander aufzuwiegen, ist absurd. Gutes ist gut und Schlechtes ist schlecht, basta! Das hat nichts mit schwarz- weißem Urteilen zu tun. Es hat etwas mit

Gerechtigkeit zu tun. Wenn Fromme tatenlos zusehen, wie ein Großteil ihrer Mitmenschen, völlig unverschuldet an den Rand ihrer Gesellschaft gedrückt wird, während einem anderen geringeren Teil der Bevölkerung, halbseidenes bis kriminelles Geschäftemachen ermöglicht wird, hat das sehr wohl etwas mit religiöser Glaubwürdigkeit zu tun. Und wir alle lassen es zu, das ist absurd!

Veröffentlichte Arbeitslosenzahlen

Absurd ist die Tatsache, dass wir in Deutschland, den jeweiligen Arbeitsministern die monatlichen Arbeitslosenzahlen nicht als dreiste Lügen um die Ohren schlagen. Wir wissen, dass die Arbeitslosenzahlen seit Jahren aufs Schäbigste kaschiert wurden und werden und schlucken es immer wieder. Widersprüche gegen diese verlogenen Zahlen prallen an der politischen Allparteienmauer ohne Eindruck zu hinterlassen, ab. Und wir alle lassen es zu, das ist absurd!

Begriff Arbeitgeber / Arbeitnehmer

Wir nehmen hin, dass der Unternehmer einer Firma (deren Größe spielt keine Rolle) als Arbeitgeber bezeichnet wird. Obwohl er die Arbeitskraft seiner Beschäftigten <u>nimmt</u>. Er ist also der eigentliche Arbeitnehmer. Seine „Angestellten" <u>geben</u> ihre Arbeitskraft. Sie sind also die wirklichen Arbeitgeber. Politisch ist es aus psychologischen Gründen aber so gewollt.

Die Beschäftigten sollen ihren Chef -seit der Agenda 2010 wieder verstärkt - als Brotherren alter Prägung empfinden.

„Arbeiter" sollen dankbar sein, dass ihnen der Unternehmer einen Arbeitsplatz zur Verfügung stellt, der ihnen zu Brot verhilft. Wenn der Chef ihnen keine Arbeit gibt, können sie sich und/oder ihre Familien nicht mehr ernähren(!)
Arbeiter sollen nicht aufmucken und/oder etwa noch Forderungen stellen.

Aus Angst den Arbeitsplatz zu verlieren werden Schikanen erduldet, werden Arbeitszeiten ohne Entlohnung geleistet, schleppen sich Angestellte fieberkrank zum Arbeitsplatz und lassen sich womöglich noch beleidigen.

Sie ducken sich, dass es weh tut und sagen ihrer Familie und ihren Freunden: „Mir geht es gut! / Alles OK! Und wir alle lassen es zu, das ist absurd!

Wenn die wirklichen Arbeitgeber dem Arbeitnehmer ihre Arbeitskraft nicht zur Verfügung stellen, hat der Unternehmer (der wirkliche Arbeitnehmer) auch nichts mehr zu essen, das wird aus pragmatisch existentiellen Gründen aber vernachlässigt. Und wir alle lassen es zu, das ist absurd!

Waffenexporte und Militär

Die BRD hat sich nach dem Zweiten Weltkrieg - Gegen großen Wiederstand - militarisiert. Warum? Um das Vaterland zu verteidigen; gegen wen? Um dem Nordatlantischen Verteidigungspakt beizutreten? Um eine Waffenindustrie aufzubauen und somit tausende Arbeitsplätze zu schaffen? Um Waffenhandel betreiben zu können? Und schon wird es absurd! Länder die Waffen produzieren, produzieren diese vordergründig um sie im Ernstfall einsetzen zu können. Waffen werden hauptsächlich produziert, um große Geschäfte damit machen zu können. Deutschland ist der drittgrößte Waffenhändler der Welt. Alle Waffenhändler liefern gewissenlos auch Waffen in viele Krisengebiete; unter anderem in Gebiete, bei denen sich ihre verkauften Waffen schnell gegen die eigenen Soldaten der Herkunftsländer richten. Wenn Kritiker des Waffenexportes sich dafür aussprechen Waffenlieferungen (Waffen- Exporte) einzustellen, wird ihnen sofort vorgehalten, Arbeitsplätze in der Waffenindustrie zu gefährden.

Das heißt doch im Extremfall: Soldaten müssen sterben, damit ihre Brüder und Schwestern in der Heimat ihren Arbeitsplatz in den Waffen- und Zulieferbetrieben nicht verlieren. Wenn das nicht absurd ist...

Alle Erwerbstätige als Unternehmer

Aus betriebs- und volkswirtschaftlichen Gründen ist nicht recht einzusehen warum nicht alle Erwerbstätigen den Status des Unternehmers haben sollten. Sowohl Kalkulations- und Abrechnungstechnisch ist das absolut kein Problem. Die Eigenverantwortlichkeit des mündigen Bürgers würde enorm gestärkt. Politikern würde nur die Macht zugestanden, derer sie gewachsen sind. Sozialverbände, Renten- und Krankenkassen könnten keine willkürlichen Machtstrukturen aufbauen. Regierungen dürften sich kaum noch verschulden, weil es nur noch Kapital gedeckte Ausgaben geben würde. (Ist Wunschdenken, aber absurd??)

Die Absurdität des Buches der Bücher

Heilige Schriften konnten erst geschrieben werden, nachdem der Mensch mit Schriftzeichen kommunizieren konnte. Es dauerte also Jahrmillionen an Entwicklung, bis das Primat Mensch schreiben und somit lesen lernte.

Alleine die Zeitspannen vom Homo erectus vor 1,2 Millionen Jahren - vom Homo erectus bis zum Homo sapiens — (von 35000 bis 10000 vor Christus Geburt) sind Zeiträume, die für unser menschliches Gehirn nur schwer vorstellbar und nicht wirklich zu fassen sind. Ca. fünftausend Jahre vor Christus sind erste Schriftzeichen nachzuweisen. Noch einmal viertausend Jahre später hat Moses gelebt, also eintausend Jahre vor Jesus Christus Geburt. Das Alte Testament wurde zu einer Zeit geschrieben, die selbst durch unsere Fantasie nur durch einen sehr dichten Nebel zu erahnen ist. Eigentlich kann schon hier die Argumentation gegen die Schöpfungsgeschichte beendet sein. Den meisten Lesern muss spätestens jetzt klar sein, dass die Schöpfungsgeschichte nur eine Geschichte ist, und sie ist nicht einmal eine schöne Geschichte, sie ist absurd!

Die Biblische Geschichte und der religiöse Glaube sind per se nicht dazu geeignet inneren Halt und Festigkeit für das Menschengeschlecht zu bieten. Inneren Halt und Festigkeit kann der Mensch durch die Liebe seiner Eltern, durch die Erziehung durch seine Eltern, durch die Einhaltung der Menschenrechte, ergo, durch sich selbst erreichen.

Absurdität der religiösen Wissenschaft am Beispiel des KKK****

Wenn wir es ernst meinen, den alltäglichen Aberglauben als Unsinn zu entlarven, und Scharlatanen das Handwerk legen wollen, müssen wir dem religiösen Glauben, die größte Aufmerksamkeit widmen. Religiöser Glaube ist Aberglaube pur!

Religion - als massentauglicher Unsinn - ist der gleiche Stellenwert zuzuordnen, wie den Para- und Pseudowissenschaften Astrologie, Esoterik etc. und jeder übernatürlichen Art von Seherei.

Es liegt mir fern einer „heiligen Schrift" die Existenzberechtigung abzusprechen. Es war mir allerdings daran gelegen, den unrühmlich manipulativen Charakter dieser Werke - aus der Sicht eines Realisten und Kopfmenschen - klar zu benennen. Jede/r kann zum religiösen Glauben stehen, wie er/sie will. Aber der absolute Wahrheitsanspruch der religiösen Schriften entlarvt eigentlich schon alleine, die hinterhältige Absicht der Religionsvertreter. Alleine die Glaubensforderungen religiöser Fundamentalisten der Jetztzeit sollte von der Masse der Bevölkerung, für ihr scheinheiliges und gesellschaftsschädliches Wirken disqualifiziert werden.

Das Glaubensbekenntnis das im KKK manifestiert ist, ist ein klassisches Beispiel für einen unverfrorenen Herrschaftsanspruch der christlichen Kirche, mit dem Zwecke keine Kritik und somit keinen Zweifel aufkommen zu lassen. Exemplarisch für das niederträchtige Unterdrücken und ängstigen der Gläubigen, will ich hier nur kurz (in Teilen) auf einige wenige Dogmen eingehen (z. B. unter KKK 1471)

„Der Ablass ist Erlaß einer zeitlichen Strafe vor Gott für Sünden, die hinsichtlich der Schuld schon getilgt sind. Ihn erlangt der Christgläubige, der recht bereitet ist, unter genauer bestimmten Bedingungen durch die Hilfe der Kirche, die als Dienerin der Erlösung den Schatz der Genugtuungen Christi und der Heiligen autoritativ austeilt und zuwendet."

Das heißt: Die Schuld ist getilgt, aber die Strafe noch nicht. Und der Ablass wird zugeteilt aus den Genugtuungen Christi und der Heiligen. Was muss der Autor (Papst) dieses Ablasstextes zu sich genommen haben, um solch eine perverse Unterstellung als Kirchendogma zu verfassen?

Weiter: *Die Bibel macht deutlich, dass der Mensch das ganze Gesetz zu halten schuldig ist. „Wenn er das geringste I-Tüpfelchen des Gesetzes übertritt, ist er der gesamten Verdammnis verfallen, wenn nicht durch Christus allein, die völlige Tilgung der Schuld ihm zuteilwird".* (Neues Testament / Paulusbriefe) *Oder, „Wenn jemand das ganze Gesetz hält und sündigt an einem, der ist's ganz schuldig" (Jak 2,10).*

Das heißt: Der Herr missachtet die menschlichen Schwächen, die er den Menschen gegeben hat, um bei einem einzigen verfehlten Verhalten, strafen zu können. Er (der Herr, der Schöpfung) spekuliert auf eine sich selbst erfüllende Prophezeiung, um seine Autorität mit Strafen zu festigen. Eine Strafe als Selbstzweck kann ausgeschlossen werden, weil sie erst recht absolut sinnlos wäre. Eine Bestrafung macht also nur, in religiöser Hinsicht alle Gläubigen - wegen der Erbsünde - zu Knechten zu machen einen Sinn. Wie pervers ist das denn? Hier muss die grundsätzliche Frage erlaubt sein, was der Sinn des Lebens - den es <u>letztlich</u> nicht gibt - sein soll?

Ein Leben zu führen, bei dem der Mensch seinen kritischen Geist nicht einsetzen darf, weil er Angst vor Strafe haben muss, wird uns in der profanen, realen, gesellschaftlichen Welt tagtäglich vor Augen geführt (Erdogan lässt grüßen). Das heißt übrigens, dass sich die Erdogans dieses Planeten als Götter aufspielen. Und wir alle lassen es zu, das ist absurd!

Religiös bedeutet das: Menschen dürfen ihren kritischen Geist, den sie von ihrem Schöpfer erhalten haben, nicht gegen ihren Herren einsetzten- sonst sind sie zur ewigen Verdammnis verurteilt. *Wie absurd ist das denn?*

„Die Lehre, dass die seligste Jungfrau Maria im ersten Augenblick ihrer Empfängnis, durch einzigartiges Gnadengeschenk und Vorrecht des allmächtigen Gottes, im Hinblick auf die Verdienste Christi Jesus, des Erlösers des Menschengeschlechts, von jedem Fehl der Erbsünde rein bewahrt blieb, ist von Gott geoffenbart und deshalb von allen Gläubigen fest und standhaft zu glauben. Wenn sich deshalb jemand, was Gott verhüte, anmaßt, anders zu <u>denken</u>, als es Uns bestimmt wurde, so soll er klar wissen, dass er durch ei-

nen Urteilsspruch verurteilt ist, dass er an seinem Glauben Schiffbruch litt und von der Einheit der Kirche abfiel. Ferner, dass er sich ohne weiteres, die rechtlich festgesetzten Strafen zuzieht, wenn er ein Wort oder in Schrift oder sonst wie seine Auffassung äußerlich kundzugeben wagt" (Neuner-Roos Nr.479)

Diesem absurden Unsinn muss nun wirklich kein Wort des Kommentars mehr geschenkt werden.

Lassen wir die religiöse Indoktrination und schändliche Konditionierung unserer Kinder nicht länger zu. Ersetzen wir den Religionsunterricht in allen öffentlichen Schulen durch moderne Sozialkompetenz-Fächer (Ethik/Sozialkunde)!

Sorgen wir dafür, dass Religion per Gesetz zur ausschließlichen Privatsache erklärt wird!

Vollziehen wir die wirkliche Trennung von Kirche und Staat, wie sie Anfang bis Mitte des 19. Jahrhunderts schon einmal praktiziert wurde und leisten somit den wichtigsten Beitrag zum friedlichen Zusammenleben verschiedener Kulturangehöriger.

Schlusswort

Statements prominenter Religionskritiker:

Abu l-'Ala al-Ma'arri *(973-1057)*
„Die Bewohner der Erde sind in zwei Arten geteilt:
Die einen haben ein Hirn, aber keine Religion,
Die anderen haben eine Religion, aber kein Hirn".

August Bebel *(1840-1913)*
„Es sind nicht die Götter welche die Menschen er-
schaffen, es sind die Menschen, die sich die Götter,
Gott machen".

Es ist die allgemein in Symbole hineingedachte und -interpretierte Magie, welche Zwänge (hauptsächlich) des Glaubens auf absurde Weise manifestiert. Ob auf politischer, esoterischer oder religiöser Ebene: Selbst willkürlich ausgewählte Symbole entscheiden über den Erfolg von menschlichen Gruppenbewegungen (Mandala, Pendel, Kreuz, Hakenkreuz etc.)

Hören wir endlich damit auf, Religionen in unserer Gesellschaft eine Aufmerksamkeit zu widmen, welche diese nicht verdient haben. Unser reales tägliches Leben spielt sich längst auf einer Ebene ab, die nur scheinheilig und verlogen mit Frömmigkeit und Religion zu tun hat. Allen religiösen Fundamentalisten – hauptsächlich jenen Personen, die dem Islam angehören – muss entschieden Einhalt geboten werden. Deren Bestreben eine theokratisch ummantelte, feudale Herrschaftsform, auch in die westliche Welt zu transferieren, wird viel zu wenig Beachtung beigemessen. Die Gefahr, dass das sukzessive „Unterwandern" scheinheiliger „Heilsbringer- Bewegungen", (religiöse Fundis, Neonazis etc.) durch unsere Gemeinschaft, wieder zu spät realisiert wird, ist allemal gegeben. Um deren perfides Treiben zu erkennen, muss man kein Verschwörungstheoretiker sein! Beispiel: Es war der türkische Präsident, in 2018, der seine in Deutschland lebenden Landsleute aufforderte, sich in öffentliche Positionen/Stellen in Deutschland zu bewerben. Will er damit etwa das deutsche Gesellschaftssystem fördern und unterstützen(?)

Meine Leidenschaft für unsere bestehende Gesellschaftsordnung und gleichzeitig gegen das Indoktrinieren religiösen Glaubens, sowie gegen jede Art von Rassismus zu kämpfen, ist meine Motivation dieses Werk an Sie weiter zu geben.

Unser freiheitliches, rechtsstaatliches und demokratisches Gesellschaftssystem in der BRD ist es wert, dass wir zu jeder Zeit leidenschaftlich dafür kämpfen! R. N. Dobles

Erläuterungen

*Heuristiken: *Bezeichnet ein analytisches Vorgehen, bei dem mit begrenztem Wissen über ein System mit Hilfe mutmaßender Schlussfolgerungen Aussagen über das System getroffen werden (Versuch und Irrtum, Ausschlussverfahren, Auswertung von Zufalls- Stichproben.*

**Alt- Bundeskanzler Helmut Schmitt: *„Die Kirche setzt Gegengewichte gegen den moralischen Verfall unserer Gesellschaft, weil sie halt bietet, den man sonst nicht besitzt".*
In einem TV-Bericht zu seinem 90. Geburtstag

***Kognitive Dissonanz *bezeichnet in der <u>Sozialpsychologie</u> einen als unangenehm empfundenen Gefühlszustand.* Er entsteht dadurch, dass ein Mensch mehrere **Kognitionen** hat (Wahrnehmungen, Gedanken, Meinungen, **Einstellungen,** Wünsche oder **Absichten**), die nicht miteinander vereinbar sind. Derartige Zustände werden als unangenehm empfunden und erzeugen innere Spannungen, die nach Überwindung drängen. Der Mensch befindet sich im Ungleichgewicht und ist bestrebt, wieder einen konsistenten Zustand – ein Gleichgewicht – zu erreichen.

****Extrinsische Einwirkung: *Bezeichnet äußere Faktoren der Motivation, Gegensatz von Intrinsische / innere Motivation*

*****Katechismus der Katholischen Kirche

Hilfreiche Literatur: Handwörterbuch Psychologie (Ansanger Wenninger)
Dr. Michael Blume, Ludwig Feuerbach, Erich Fromm, Friedrich Wilhelm Graf, Immanuel Kant, Thomas Morus, Friedrich Nietzsche, J. J. Rousseau, Alexander Rüstow, Manfred Schlapp, F.- M. A. Voltaire, Franz Wuketits u. a.

Der Autor

Handwerker, Kaufmann, Künstler, Pädagoge und Psychologe 1946 als Halbamerikaner in Deutschland geboren ließen bei ihm - seinen Platz in der deutschen und US amerikanischen Gesellschaft suchend – ein tiefes Zugehörigkeitsgefühl zu beiden Kulturgemeinden entstehen.

Seine Erwerbstätigkeiten in Deutschland und in den USA, sowie das Leben in diesen beiden Kulturkreisen haben seine tiefe freiheitliche, rechtsstaatliche und demokratische Überzeugung geprägt.

Gerade wegen seines Bekenntnisses zur demokratischen Gesellschaftsordnung ist es ihm wichtig, auf gefährliche Schieflagen in unserer bürgerlichen Gemeinschaft hinzuweisen. In diesem Sinne kann das vor Ihnen liegende Werk als Fortsetzung seines ersten gesellschaftskritischen Buches „Nützliche Idioten" verstanden werden.

Der Autor möchte, dass seine Thesen zur gebotenen Wachsamkeit gegenüber politischen (sakralen wie profanen) Vorhaben sensibilisieren.